FACULTÉ DE DROIT DE PARIS

DE L'ACTION PUBLICIENNE

EN DROIT ROMAIN.

DES CONDITIONS REQUISES

DANS LA POSSESSION,

AU POINT DE VUE

DE LA PRESCRIPTION.

EN DROIT FRANÇAIS.

THÈSE POUR LE DOCTORAT

PAR

Paul de PLACE,

Avocat à la cour impériale de Paris.

PARIS

IMPRIMERIE DE MOQUET,

11, Rue des Fossés-Saint-Jacques, 11.

1860

DE L'ACTION PUBLICIENNE

EN DROIT ROMAIN.

DES CONDITIONS REQUISES

DANS LA POSSESSION

AU POINT DE VUE

DE LA PRESCRIPTION.

EN DROIT FRANÇAIS.

THÈSE POUR LE DOCTORAT

L'acte public sur les matières ci-après sera soutenu
le lundi 2 Avril 1860 à 1 heure

PAR

Paul de PLACE,

Avocat à la cour impériale de Paris.

Président : M. **ORTOLAN**, Professeur.

SUFFRAGANTS :
MM. **PELLAT**, Doyen,
PERREYVE
DURANTON — Professeurs.
LABBÉ — Agrégé.

Le candidat répondra en outre aux questions qui lui seront faites
sur les autres matières de l'enseignement.

PARIS,

IMPRIMERIE DE MOQUET,

11, Rue des Fossés-Saint-Jacques, 11.

1860

[illegible]

[illegible]

©

[illegible]

À MON PÉRE, A MA MÉRÈ.

—

A MADAME VEUVE DE PLACE,
Ma grand'mère paternelle.

—

A MONSIEUR ET A MADAME MOINECOUR,
Mon grand-père et ma grand'mère maternels.

DROIT ROMAIN.

DE L'ACTION PUBLICIENNE

NOTIONS GÉNÉRALES.

Pour apprécier exactement l'utilité de l'action publicienne, et le rôle important que jouait dans le droit romain cette institution prétorienne, il est nécessaire de jeter un coup-d'œil rapide sur la revendication et l'usucapion, auxquelles elle se rattache par les liens les plus étroits.

Le demandeur à l'action en revendication doit, pour réussir, prouver qu'il est propriétaire. Or, si cette preuve est facile pour celui qui a acquis la propriété par le mode originaire, l'occupation, et auquel il suffit d'établir le fait immédiat qui est la source de son droit, elle est au contraire longue et difficile, souvent impossible, pour celui qui a acquis la propriété par un mode dérivé, comme la mancipation, la *cessio in jure*, la tradition. Il doit en effet prouver, outre le fait juridique en vertu duquel il prétend que le droit de propriété lui a été directement transmis, l'existence de ce même droit dans la personne de chacun de ses auteurs, en remontant ainsi degré par degré la série des propriétaires antérieurs jusqu'à ce qu'il parvienne à celui dont l'acquisition est fondée sur un mode originaire. Or, lorsqu'une personne a perdu la possession de sa chose sans avoir eu l'intention de l'aliéner, la seule ressource que le *jus civile* lui présente pour en recouvrer la possession, c'est précisément cette *rei vindicatio*, assujettie à des conditions rigoureuses, et dans laquelle il faut, à peine de succomber, démontrer au juge que l'on est propriétaire.

Cette action serait donc bien périlleuse pour le demandeur, si l'institution bienfaisante de l'usucapion ne venait en diminuer singulièrement les difficultés.

L'*usu-capio*, acquisition par l'usage, fut introduite, dit Gaïus, afin que la propriété ne demeurât pas trop longtemps incertaine : « Bono pu-« blico usucapio introducta est, ne scilicet qua-« rumdam rerum diu et fere semper incerta « dominia essent » (l. 1, **D.** *de usurp. et usucap.*). Elle s'accomplit par un an ou deux au profit de celui qui peut invoquer une possession de bonne foi fondée sur un juste titre. Si donc le demandeur en revendication peut établir qu'à un moment donné, lui-même, ou l'un de ses auteurs, a possédé pendant le temps voulu et avec les conditions requises, il est dispensé d'apporter aucune autre preuve à l'appui de son droit.

Cependant l'usucapion n'était encore qu'un moyen imparfait d'échapper aux difficultés que présente la preuve directe et précise de la propriété. Si, en effet, le possesseur venait à perdre la possession avant l'achèvement du temps déterminé, il ne pouvait pas plus invoquer l'usucapion que fournir la preuve directe de sa propriété. De là, il résultait que souvent des acquisitions conformes au droit des gens restaient dénuées de toute efficacité en droit civil ; car l'u-

sucapion était destinée, non-seulement à protéger la bonne foi de ceux qui avaient reçu *a non
domino* une chose *mancipi* ou *nec mancipi*, mais
encore à compléter l'effet de la tradition des
choses *mancipi*, laquelle, même opérée par le *dominus exjure Quiritium*, avec l'intention de transférer la propriété, ne procurait que l'*in bonis*, et
ne permettait pas d'exercer la revendication
(Gaïus, *Comm.*, II, § 41, 43,—Instit. Justin., l. IV,
t. VI, § 4).

La création de l'action publicienne vint porter
remède à cet état de choses. Cette action, ainsi
nommée du nom du préteur qui l'introdui-
sit, est fondée sur une fiction de droit. La
formule délivrée par le préteur enjoint au juge
de supposer que la possession du demandeur a
duré le temps fixé pour l'usucapion, et d'examiner uniquement si elle en réunissait les conditions autres que le temps. Si le juge reconnaît
que ces conditions étaient réunies, et que le possesseur dépouillé serait devenu propriétaire en
continuant à posséder, son devoir est de faire
restituer par le défendeur la chose réclamée, et
faute de restitution, de le condamner à l'estimation du procès.

Le jurisconsulte Gaïus, dans le § 36 de son Commentaire IV, s'exprime ainsi au sujet de cette action : « Datur autem hæc actio ei qui ex justa
« causa traditam sibi rem nondum usucapit, eam-
« que amissa possessione petit. Nam quia non
« potest eam ex jure Quiritium suam esse inten-
« dere, fingitur usucepisse, et ita quasi ex jure
« Quiritium dominus factus esset, intendit hoc
« modo : »

JUDEX ESTO. SI QUEM HOMINEM AULUS AGERIUS EMIT, ET IS EI TRADITUS EST, ANNO POSSEDISSET, TUM SI EUM HOMINEM DE QUO AGITUR EJUS EX JURE QUIRITIUM ESSE OPORTERET, *et reliqua*, id est, NEQUE IS HOMO ARBITRIO TUO RESTITUATUR, QUANTI EA RES ERIT, NUMERIUM NE-GIDIUM AULO AGERIO CONDEMNA. En un mot, pour que le demandeur obtienne gain de cause, il faut qu'il soit constaté, non pas que la chose *est* ac-tuellement à lui, mais qu'elle *serait* à lui, s'il l'a-vait possédée durant le temps exigé pour l'usu-capion.

De ce qui précède, il semble bien résulter que que dans le droit classique, l'action publicienne était accordée aussi bien à celui qui avait une chose *in bonis* qu'à celui qui l'avait reçue avec juste cause et bonne foi *a non domino*. Dans les deux cas, celui qui a perdu la possession, et auquel il ne manquait, pour être propriétaire, que la durée de cette possession, paraît pouvoir la recouvrer au moyen de l'action publicienne. Nous reviendrons d'ailleurs sur ce point, qui a donné lieu à une vive controverse.

Telle est l'idée générale de l'action publicienne. Nous allons maintenant étudier successivement :

1° Quelles sont les conditions requises pour l'obtenir ;

2° Qui peut l'intenter ;

3° Contre qui elle est accordée.

CHAPITRE PREMIER.

DES CONDITIONS REQUISES POUR OBTENIR L'ACTION PU-BLICIENNE.

L'action publicienne, nous l'avons dit, a été instituée pour donner à ceux qui étant en voie d'usucaper, ont perdu la possession, le moyen de la recouvrer, et cette action fictice repose sur la supposition de l'usucapion accomplie. Il suit de là que les conditions nécessaires pour l'obtenir sont précisément les conditions de l'usucapion, c'est-à-dire, les quatre suivantes :

La possession;

Une juste cause d'acquisition;

La bonne foi;

Une chose susceptible d'usucapion, ou en d'autres termes, l'absence de vices dans la chose possédée.

SECTION I.

DE LA POSSETION.

Puisque l'action publicienne a pour base l'usucapion supposée accomplie, et que l'usucapion ne peut se concevoir sans l'idée de possession, il paraît tout naturel d'en conclure que la première condition pour obtenir cette action, c'est d'avoir possédé la chose qu'on réclame.

Cependant plusieurs interprètes soutiennent, après Gérard Noodt (*Comm. ad h. t.*), et Vinnius (*Select. quæst.* l. I, ch. 27), que la possession n'est pas indispensable, et que dans tous les cas où, sans avoir pris possession, vous auriez acquis la propriété et un droit à la revendication si votre auteur eût été propriétaire, vous aurez tout aussi bien, sans être entré en possession, droit à l'action publicienne, si votre auteur n'étant pas propriétaire, vous l'avez cru tel. Il est vrai, ajoutent ces auteurs, que l'édit du préteur ne donne expressément l'action publicienne qu'à ceux qui sont en voie d'arriver à la propriété par la possession, et par là semble la refuser à ceux qui ne se trouvent pas en position d'usucaper; mais s'il a prévu seulement le cas le plus ordinaire, ce n'est pas une raison de supposer qu'il refuse ce secours à ceux qui ont eu juste sujet de croire qu'ils étaient devenus propriétaires par un autre mode d'acquisition.

Au contraire, suivant Cujas (*Comm. ad h. t.*), Voët (*Comm. ad. h. t.* n° 2), et M. de Savigny (*Traité de droit romain*, t. IV), et la plupart des auteurs, l'action publicienne n'est jamais accordée à celui qui n'a pas possédé. Cette opinion nous paraît de beaucoup préférable; elle a le double avantage d'être en parfaite harmonie avec la fiction prétorienne qui sert de fondement à l'action publicienne, et d'être appuyée sur des textes nombreux et concluants. Sur quoi se fonde en effet cette action? Sur cette fiction juridique qu'une usucapion commencée seulement est déjà entièrement accomplie. Or, on ne peut pas feindre l'usucapion accomplie quand elle n'est pas même commencée, et elle ne peut évidemment commencer que par l'entrée en possession.

Il serait facile de multiplier les citations de textes qui confirment cette doctrine. Voici seulement les principaux :

1° Ait prætor : si quis id quod *traditur* ex justa causa non a domino et nondum usucaptum petet judicium dabo (L. 1, *de public. in rem act.*).

2° Judex esto. Si quem hominem Aulus Agerius emit, *et is ei traditus est*, anno possedisset, tum si eum hominem de quo agitur, ejus ex jure Quiritium esse oporteret (Gaïus. *Comm* , IV, § 36).

3° *Ante traditionem*, quamvis bonæ fidei quis emptor sit, *experiri Publiciana non poterit.* (L. 1, § 16, *de public. in rem act.*).

Sine *possessione* usucapio contingere non potest (L. 25. D, *de usurp. et usucap.*)

5° Fingitur rem *usucepisse*, et ita quasi ex jure Quiritium dominus factus esset (Gaïus. *Comm.* IV, § 36). Dans tous ces textes, il est facile de le voir, l'idée de possession est explicitement exprimée.

6° Enfin, s'il était possible d'employer l'action publicienne même sans avoir possédé, Ulpien aurait-il pu dire : « Sed etiam is qui momento « possedit recte hac actione experiretur. » (L. 12, 7, D. § *h. t.*)? Si pour avoir droit à l'action publicienne, il suffit d'avoir possédé un seul instant, il est donc nécessaire d'avoir possédé !

L'opinion contraire met en avant quelques arguments; mais ils ne nous paraissent pas avoir la valeur qu'on veut leur attribuer.

On se fonde d'abord sur le § 2 de la loi 1, *h. t.*, dans lequel Ulpien semble présenter le legs *per vindicationem* comme permettant au légataire d'exercer l'action publicienne sans être entré en possession.

Sans doute le legs *per vindicationem* transfère la propriéte au légataire avant toute prise de possession; mais l'intention de la loi 1, § 2, n'est pas de se contenter, de la part du légataire qui veut intenter l'action publicienne, des conditions ordinaires en vertu desquelles il serait devenu propriétaire; elle exige en outre que le légataire ait eu la possession. Et ce qui le prouve, c'est que la loi 2, qui développe la pensée contenue dans le § 2 de la loi précédente et continue la même phrase, après avoir mentionné à la suite du cas do

legs celui de donation à cause de mort, ajoute:
« *nam amissa possessione competit Publiciana* », proposition qui s'applique également aux deux cas
prévus par les deux lois et indique bien que la
possession est nécessaire dans l'un comme dans
l'autre.

On invoque ensuite la loi 18 § 15, D. *de damno
infecto* : « Si is qui jussu prætoris cœperat possi
« dere, et possidendo dominium capere, aut non
« admissus, aut ejectus inde fuerit, utile inter
« dictum unde vi, aut Publicianam actionem
« habere potest ». De l'expression *non admissus*, il
résulte, dit-on, qu'une personne qui a été empêchée d'entrer en possession aura néanmoins
l'action publicienne. Cet argument repose sur
une fausse interprétation du texte ; car à le prendre dans son ensemble, on voit clairement qu'il
s'occupe de quelqu'un qui rencontre des obstacles, non pas à son entrée en possession d'une
chose qu'il n'a point encore possédée, mais à sa
rentrée en possession : « Si is qui.... cœperat pos·
« sidere.... non admissus... fuerit », dit le texte.
En outre, en permettant au demandeur d'agir
par l'interdit *Unde vi*, cette même loi suppose

nécessairement qu'il a déjà possédé, car cet interdit n'est accordé qu'à celui qui a été dépouillé par violence de sa possession. Au surplus, la loi 3 § 14, *de vi*, fixe parfaitement le sens des mots *non admissus*, car elle les emploie à propos d'un usufruitier qui a été empêché, non pas d'entrer pour la première fois, mais de rentrer en possession.

On argumente aussi de la loi 15 de notre titre, dans laquelle Pomponius décide que si mon esclave, pendant qu'il est en fuite, achète une chose *a non domino*, j'ai droit à la publicienne, *licet possessionem rei traditæ per eum nanctus non sim*. Mais le mot *possessio* a ici le sens, non pas de possession civile susceptible de conduire à l'usucapion, mais de simple détention matérielle. Paul atteste en effet que l'esclave fugitif ne cesse point d'être possédé par son maître, tant qu'il n'est pas possédé par un autre, et le jurisconsulte ajoute qu'il a été admis (*utilitatis causa receptum est*) que le maître acquiert par lui la possession et l'usucapion des choses (l. 1, § 14, D. *de adq. vel amitt. poss.*). L'action publicienne compète donc ici au maître, non pas quoiqu'il n'ait pas eu la possession civile; mais quoiqu'il n'ait pas eu lui-même la détention matérielle.

La loi 12, § 1, *de adq. vel amitt. poss.* n'est pas plus concluante. Sans doute le fidéicommissaire à qui l'hérédité est restituée d'après le sénatus-consulte Trébellien peut exercer l'action publicienne, bien qu'il n'ait pas encore eu la possession; mais ce n'est là qu'une conséquence du principe que cette action appartient à l'héritier et aux successeurs prétoriens, par cela seul que le défunt dont ils continuent la personne réunissait les conditions requises pour l'exercice de la Publicienne. « *Hæc actio,* » dit la loi 7, § 9, D. « *et* « *heredi et honorariis successoribus competit.* »

Ainsi donc, les textes invoqués à l'appui de l'opinion suivant laquelle l'action publicienne aurait été accordée indépendamment de toute possession antérieure sont loin d'être assez concluants pour faire admettre cette opinion, à laquelle résistent d'ailleurs, et les textes que nous avons cités, et l'esprit même de l'institution prétorienne.

Peu importe, pour avoir droit à l'action publicienne, d'avoir acquis la possession par soi-même ou par un autre, comme un esclave, un fils de famille ; peu importe encore que ceux-ci aient acquis *peculiari nomine*, ou *domini vel patris nomine*, si ce n'est quant au point de départ de l'usucapion. Si l'esclave a acheté *ex peculiari causa*, l'usucapion commence immédiatement, même à l'insu du maître, dont la volonté est suppléée par celle de son esclave ; tandis que si l'achat a été fait *domini nomine*, l'usucapion ne saurait commencer avant que le maître ait eu connaissance de l'acquisition.

La possession peut aussi être acquise par un mandataire, un gérant d'affaires, un tuteur, un curateur. L'usucapion commence à courir, et l'action publicienne est accordée, dans le cas de mandat, de gestion d'affaires, du moment où le mandant ou celui dont l'affaire est gérée a connaissance de cette acquisition, et dans les cas de tutelle et de curatelle, du moment même où la possession est acquise par le tuteur ou curateur.

Pour que la possession conduise à l'usucapion, il faut qu'elle se soit continuée pendant un laps de temps plus ou moins long. Pour qu'elle donn

aron à l'action publicienne, Il suffit qu'elle ait
existé un seul instant avec les conditions requises : « Sed etiam is qui momento possedit, recte
« hac actione experiretur » dit Paul dans la loi
12, § 7, **D.** *h. t.*

SECTION II.

DE LA JUSTE CAUSE.

La juste cause est un fait reconnu par la loi et
manifestant la volonté de transférer ou d'acquérir la propriété.

Toutes les fois, dit Gaïus, qu'ayant acquis la
propriété d'une chose quelconque en vertu d'une
juste cause d'acquisition de la propriété, nous
l'avons ensuite perdue, l'action publicienne
nous sera donnée pour poursuivre ces choses
(l. 13, *pr. h. t.*). La Publicienne n'a donc pas lieu
pour toute possession juste, mais pour toute possession fondée sur une juste cause d'acquisition
de la propriété. Ainsi, le créancier gagiste et
celui qui détient en vertu d'un précaire ont une
juste possession (l. 4, § 1, *de precario,* **D.**); mais
comme en recevant la possession, ils n'ont
pas entendu acquérir un droit de propriété, et

qu'ils reconnaissent même ce droit dans la personne d'un autre, ils ne sont admis, ni à l'usucapion, ni à l'action publicienne.

Examinons successivement les principales jus-
tes causes qui peuvent donner lieu à l'usucapion,
et par suite, à l'action publicienne, et dont plusieurs présentent de sérieuses difficultés.

Il y a une juste cause dans la tradition faite
avec l'intention d'exécuter une obligation, *solvendi causa* (l. 4, D. *h. t.*) Peu importe d'ailleurs
qu'on ait livré la chose même qui était due, ou
une autre acceptée en remplacement par le créancier (l. 46, D. *de usurp.*); il est également indif-
férent que la créance ait existé ou non, pourvu
que l'*accipiens* ait cru à son existence : « quia
« ipsa traditio ex causa quam veram esse exis-
« timo, sufficit ad efficiendum ut id quod mihi
« traditum est pro meo possideam. » (L. 3, D.
pro suo).

Une exception spéciale est admise quant à la
tradition faite par le vendeur à l'acheteur. Bien
qu'elle soit l'accomplissement d'une obligation
résultant de la vente, néanmoins, pour qu'elle
constitue une juste cause, il ne suffit pas que

l'*accipiens* ait cru à l'existence d'une vente : il faut que la vente ait réellement existé (l. 2, pr. D. *pro emptore*). Cette différence de droit avait amené une différence d'expression : tandis que la tradition faite par un autre débiteur pour exécuter son obligation donnait lieu à une possession *pro soluto*, la tradition faite par le vendeur à l'acheteur donnait lieu à la possession *pro emptore*.

Cette anomalie nous paraît devoir être expliquée historiquement. La vente primitive, *venumdatio*, n'était pas un mode de contracter des obligations, mais une manière de transférer la propriété. Elle se faisait alors par la mancipation, qui transférait la propriété sans tradition. La tradition faite en vertu d'une vente ne constituait donc pas un paiement, un titre *pro soluto*, comme la tradition faite en vertu d'une stipulation ; elle n'avait d'autre but que de remettre à l'acheteur la possession d'une chose dont il était déjà propriétaire. Sous l'empire de ces principes, il était tout naturel que l'on exigeât de l'acheteur, pour lui reconnaître une juste cause, non pas la preuve d'une tradition, alors et dans ce cas indifférente

pour dénoter l'intention de transférer la propriété, mais la preuve de la vente elle-même,
c'est-à-dire, de la mancipation qui seule pouvait
manifester cette intention. Lorsque plus tard la
vente devint seulement productive d'obligations,
quelques-unes des conséquences des anciens
principes n'en continuèrent pas moins à subsister.

L'acheteur a-t-il droit à l'action publicienne
alors même qu'il n'a pas payé le prix? L'édit ne
parle pas de prix payé, d'où il semble, dit Gaïus
(l. 8, D. *h. t.*), que la pensée du préteur n'était
pas qu'on dût examiner si le prix avait été payé
ou non. Toutefois, rien ne prouve que ce fût là
la décision à laquelle s'arrêtait Gaïus; et quoi
qu'il en soit, plusieurs textes, de Julien, Pomponius, et Ulpien, paraissent prouver que telle n'é-
tait pas l'opinion dominante (l. 72, D. *de rei vindic.* — L. 4, § 32, *de doli mali et met. except.* —
L. 2, *de except. rei vend. et trad.*); car ces jurisconsultes, posant des espèces dans lesquelles ils
examinent s'il y a lieu à l'action publicienne, ont
soin de relever cette circonstance, que le prix a
été payé. Or, les jurisconsultes romains n'avaient

guères l'habitude de mentionner, dans l'exposition des faits, des circonstances dénuées d'influence sur la solution.

En outre, les principes conduisent à un résultat contraire à la conjecture exprimée par Gaïus dans la loi 8, D. *h. t.* Le paiement du prix est indispensable pour que l'acheteur qui n'a pas obtenu crédit puisse acquérir la propriété par la tradition ; ce doit donc être aussi une condition indispensable pour que cet acheteur puisse acquérir la propriété par usucapion, lorsque la tradition n'a pu la lui transférer immédiatement, et par suite, pour qu'il ait droit à l'action publicienne. Lorsque l'acheteur n'a ni payé, ni satisfait autrement le vendeur, il est impossible qu'il se croie devenu propriétaire, à moins d'une erreur de droit inexcusable, qui ne pourrait lui profiter, ni pour l'usucapion, ni pour la Publicienne. Or, ceux-là seulement arrivent à l'usucapion et obtiennent l'action publicienne, qui ont cru devenir propriétaires. Gaïus lui-même l'atteste dans la loi 13, § 1, D. *h. t.*; car, parlant d'un véritable possesseur qui pourtant n'a pas la Publicienne, il en donne ce motif : « Quia non eo ani-

« mo nanciscitur possessionem, ut credat se
« dominum esse.» Tels sont les principes, et
l'on n'aperçoit aucun motif de s'en écarter.

Quand la tradition d'une chose vendue est
faite par un procureur, malgré le propriétaire
qui lui avait donné mandat de vendre, elle n'en
est pas moins une juste cause pour la Publicienne, si l'acheteur vient à perdre la possession
(l. 14, D. *h. t.*). Mais il faut pour cela que l'a-
cheteur ait payé ou soit prêt à payer le prix,
ou qu'il ait obtenu crédit; car autrement la défense de livrer, faite par le mandant suffirait
pour empêcher l'acheteur d'intenter efficacement la Publicienne (l. 1, § 2, D. *de except. rei
vendit. et tradit.*).

La vente d'une hérédité constitue une juste
cause de possession même relativement à chacun des objets particuliers de la succession (l. 9,
§ 3, D. *h. t.*). Il y avait eu doute sur ce point,
parce que dans la vente d'une hérédité, l'objet
vendu, c'est l'universalité, et non chacune des
choses héréditaires en particulier; mais on a dé-
cidé que la Publicienne devait compéter à l'acheteur, parce qu'en vendant l'hérédité, l'héritier a

vendu tout ce qui lui appartenait comme héritier, sans aucune exception, en sorte qu'il est
obligé de livrer à l'acheteur toutes les choses
héréditaires.

Si la vente peut servir de juste cause, c'est à la
condition qu'elle ait lieu entre personnes capables : celui donc qui achète d'un fou ou d'un mineur de vingt-cinq ans ne doit pas avoir la Publicienne.

Cependant, si l'acheteur a été induit en erreur,
s'il a cru que son vendeur était sain d'esprit ou
majeur de vingt cinq ans, la croyance où il est
de la bonté de son titre, croyance fondée sur une
erreur plausible de fait, lui tiendra lieu de *justa
causa*. Telle est la décision donnée par Marcellus
et par Ulpien pour le cas de vente par un *furiosus*
(l. 7, § 2, D. *h. t.*). Toutefois, Paul, dans la loi 2,
§ 16, D. *pro emptore*, se trouve en contradiction
formelle avec ces deux jurisconsultes : comme
eux il accorde à l'acheteur l'usucapion ; mais il lui
refuse l'action Publicienne. On a en vain essayé
de concilier ces deux textes : aucune des concillations proposées ne paraît pleinement satisfaisante. C'est l'opinion d'Ulpien qui doit être

préférée, car elle est à la fois plus logique et plus équitable.

Quant à la vente faite par un mineur à une personne qui l'a cru majeur, la loi 7, § 2, D. *h. t.* dit que l'action publicienne compète également à l'acheteur. Si le mineur n'avait pas de curateur, il pouvait s'obliger et aliéner : dès lors rien de plus naturel que de trouver une juste cause dans le contrat fait avec lui. Si au contraire il avait un curateur, il ne pouvait consentir une vente valable (l. 3, C. *de in integr. restit.*); mais la bonne foi de l'acheteur, son *opinio justæ causæ*, suppléait à la *justa causa* elle-même.

Une autre juste cause qui présente beaucoup d'analogie avec le paiement, est la *noxæ deditio*. Lorsqu'un esclave a commis un délit, le maître peut se dispenser de payer la réparation du dommage en faisant à celui qui l'a souffert l'abandon noxal de l'esclave délinquant. Si cet abandon de l'esclave, *res mancipi*, est effectué par simple tradition, il ne transfère pas la propriété, mais il met celui qui le reçoit en position d'usucaper, et d'exercer l'action Publicienne, s'il vient à perdre la possession, (L. 5, D. *h. t.*) Il en est de même lorsque l'esclave n'étant pas défendu par son maître, celui qui a souffert du délit obtient du préteur l'ordre d'emmener l'esclave (*noxæ ductio*), et en prend possession (l. 6 D. *h. t.*).

De ce dernier cas doit être rapproché l'envoi en possession par le second décret du préteur *ex causa damni infecti.*

Une maison menace ruine, et le propriétaire refuse de donner caution de réparer le dommage que pourrait causer sa chute; alors le préteur, par un premier décret, envoie le propriétaire de la maison voisine en possession *custodiæ causa,* et au bout d'un certain temps, il rend un second décret qui l'autorise à expulser le propriétaire et à posséder la maison pour son propre compte. Le préteur ne peut conférer par là le *dominium ex jure Quiritium,* mais il donne une possession qui conduit à l'usucapion, et qui, en attendant, est protégée par l'action publicienne. (l. 15, § 16, D. *de damno infecto,* et l. 18, § 15, *eod*).

Une cause lucrative d'acquisition peut aussi bien qu'une cause onéreuse, fonder une possession utile pour l'usucapion et pour la Publicienne. Il paraît que certains jurisconsultes voulaient qu'on traitât moins favorablement celui qui a reçu une chose à titre gratuit, que celui qui invoque un titre onéreux, tel que la vente. Ulpien, dont la loi 7, § 3, D, *h. t.* adopte l'opinion, décidait au contraire que l'on ne devait faire aucune différence, parceque la possession de celui qui a reçu une libéralité est tout aussi légitime que celle de l'acheteur.

Ainsi le donataire a l'action publicienne; il l'a même contre le donateur, et si celui-ci lui oppose l'exception *justi dominii,* il répondra victorieusement par la réplique *rei donatæ et traditæ.* Mais pour que le donataire ait la Publicienne, il faut que la donation soit intervenue entre personnes à qui elle est permise. La tradition que l'un des époux ferait, pour cause de donation, à l'autre époux, ne constituerait pas une juste cause qui pût donner lieu à la Publicienne, parceque les donations sont interdites entre époux (l. I. D. *de donat. int. vir. et uxor.*) Entre fiancés, au contraire, la tradition faite pour la même cause donnerait droit à l'action publicienne, car entre fiancés, les donations sont permises (l. 12, D. *h. t.*).

La tradition faite au mari d'une chose à titre de

dot est aussi une juste cause, et peu importe que la chose ait été estimée ou non. Si elle n'a pas été estimée, le mari possède *pro dote*, et lorsqu'il doit restituer la dot, c'est de cette chose même qu'il est comptable; s'il y a eu estimation, le mari possède *pro emptore*, et le cas de restitution échéant, il doit, non plus la chose, mais le prix d'estimation, car c'est ce prix qui est alors l'objet de la dot.

La donation à cause de mort sert également de juste cause à la possession. Mais il y a une distinction à faire quant au moment où existe la juste cause. Le donataire sous condition suspensive ne devient propriétaire qu'au décès du donateur; par suite, il ne peut posséder utilement pour la Publicienne qu'à partir de la même époque. Le donataire sous condition résolutoire a, au contraire, une juste cause du moment même de la tradition, et dès ce moment l'action publicienne lui est accordée par le préteur.

Le legs est encore une base suffisante pour la Publicienne, si le légataire s'est mis de bonne foi en possession de la chose léguée.

Celui à qui une chose a été adjugée possède aussi *ex justa causa*. Dans les deux actions divisoires *communi dividundo* et *familiæ erciscundæ*, le juge a le pouvoir d'attribuer à l'un des copartageants la propriété exclusive d'une chose jusque là commune; il a même dans l'action *finium regundorum*, le pouvoir d'exproprier l'une des parties au profit de l'autre. Si, dans cette action, le possesseur n'était point propriétaire de la parcelle de terrain qui lui est enlevée; si dans les deux premières actions, une chose a été comprise à tort dans le partage, la possession de l'adjudicataire est protégée par l'action publicienne. Il est probable que dans le droit antéjustinien l'adjudication servait encore de juste cause lorsqu'au lieu d'être prononcée dans un *judicium legitimum*, elle l'était dans un *judicium imperio continens*. Il paraît, en effet, résulter du rapprochement de deux textes de Paul (l. 44, § 1, D. *famil. erciso.*, et *Vatic. fragm.* § 47), qu'une telle adjudication ne transférait pas le *dominium ex jure Quiritium*, mais mettait seulement la chose *in bonis* de l'adjudicataire: par suite, il avait besoin de l'usucapion pour en acquérir la propriété, et de la

Publicienne pour en recouvrer la possession, s'il lui arrivait de la perdre.

Le serment constitue une juste cause pour la Publicienne au profit de celui qui a juré que la chose était sienne; mais cette action ne peut alors être intentée que contre la partie qui a déféré le serment, et ses successeurs; car l'effet du serment, comme celui de la chose jugée, ne s'étend pas aux tiers (l. 7, § 7, D. *h. t.*). Un autre texte, la loi 21, § 1 D. *de jurejurando*, donne, dans le même cas à celui qui a prêté le serment, une action *in factum de jurejurando*, sorte d'action utile destinée à tenir lieu de l'action *in rem* et arrivant comme elle à la restitution de la chose, des fruits et autres accessoires. C'est peut-être cette même action *in factum* qui est appelée Publicienne par la loi 7.

Suivant la loi 3, § 1 D. *h. t.*, il y a une juste cause dans la tradition d'une chose *ex causa judicati*. Mais dans quels cas peut-on dire qu'une chose a été livrée *ex causa judicati*? Bien des interprétations se sont produites à cet égard, et aucune d'elles ne paraît pleinement satisfaisante.

Supposons d'abord qu'il s'agit d'un jugement

rendu en matière réelle, et que le juge, admettant la prétention du demandeur, ordonne au défendeur de lui restituer la possession de la chose litigieuse. Plusieurs auteurs pensent qu'il y a là une *justa causa transferendi dominii*, et que si le défendeur n'était pas propriétaire de la chose, le demandeur le deviendra par l'usucapion, et pourra en attendant exercer l'action publicienne. Mais si le juge admet la prétention du demandeur, c'est évidemment parce qu'il reconnaît que c'est celui-ci, et non le défendeur, qui est propriétaire : par conséquent, la tradition faite par le défendeur en vertu de l'ordre du juge est une simple restitution de *possession*, et nullement une *traditio ex causa transferendi dominii*. Si donc le juge s'est trompé en décidant que le demandeur était propriétaire, la tradition accomplie par le défendeur ne sera pas au profit du demandeur une juste cause pour l'usucapion et la Publicienne, car elle n'a été, ni ordonnée par le juge, ni effectuée par le défendeur, dans le but de transférer la propriété au demandeur.

On nous oppose des arguments de texte qui nous paraissent peu concluants. On invoque une

certaine analogie du jugement avec la transaction, et on s'appuie à cet effet, sur les lois 8, Cod.
de usucap. pro empt. et 29, D. *de usurp. et usuc.* ; la
transaction y est représentée, il est vrai, comme
une juste cause de possession pour l'usucapion;
mais avec le cas qui nous occupe l'analogie n'est
pas exacte, car dans la transaction chaque partie fait le sacrifice d'un droit qu'elle a ou qu'elle
croit avoir; en un mot, il y a toujours une intention de transférer la propriété, ce qui n'existe
jamais chez le défendeur qui succombe dans la
revendication. On argumente encore de la l. 33,
§ 3, D. *de usurp. et usucap.* D'après cette loi, nous
dit-on, le possesseur qui, menacé d'une revendication, cède la possession à son adversaire, ne
fait que reconnaître le droit de celui-ci, et ne peut
avoir l'intention de lui transférer la propriété; et
pourtant Julien nous présente cette cession
comme une juste cause d'usucapion : il y a donc
aussi une juste cause dans le cas où le défendeur restitue la possession au demandeur en
vertu d'un jugement; mais cette argumentation
n'est pas fondée, car le texte dont il s'agit peut
très bien s'entendre d'une véritable transaction,

d'un sacrifice fait pour éviter l'ennui d'un procès ; et ce qui vient à l'appui de cette interprétation, c'est le second exemple donné par le même texte, où les mots *cedere possessione* sont suivis de : *si solvendi causa id fecerit*, ce qui montre bien que cette cession a pour but de transférer la propriété, puisque c'est le seul moyen d'exécuter une obligation contractée par stipulation. *Cedere possessione* ne signifie donc pas restituer la possession comme le fait le défendeur qui succombe dans la revendication, mais céder la possession pour transférer la propriété.

Le jugement ne paraît pouvoir constituer une juste cause que dans les actions personnelles, qui toutes donnent lieu à une condamnation pécuniaire. Si le défendeur condamné a payé avec des écus qui ne lui appartenaient pas, ou a donné en paiement au demandeur, de son consentement, une chose qui n'était pas à lui, le demandeur de bonne foi pourra usucaper cette chose ou les écus, et l'on peut croire que ce sera au titre *pro judicato*. Cette interprétation s'appuie sur le rapprochement établi par Tribonien entre le cas de tradition *ex causa judicati* et le cas de paiement, au moyen de l'intercalation du fragment de Paul qui forme la l. 4, et sur ce qu'Ulpien lui-même mentionnait après le cas de la tradition faite en vertu d'un jugement (l. 3) le cas analogue de l'abandon noxal (l. 5). Il est probable également que le jugement constituait une juste cause dans quelques actions personnelles arbitraires, comme l'action *quod metus causa*, et dans quelques actions personnelles de bonne foi, comme l'action *empti*. Dans ces actions, le juge, après avoir reconnu et déclaré que le défendeur était obligé à transférer au demandeur la propriété d'une chose, lui donnait l'ordre de satisfaire à cette obligation, et il ne prononçait la condamnation que sur le refus du défendeur d'obtempérer à cet ordre. Si donc le défendeur, afin d'éviter la condamnation, livrait la chose elle-même, on peut dire qu'alors le demandeur l'usucapait *ex causa judicati*, et par suite avait droit à la Publicienne.

C'est là l'explication la plus plausible des derniers mots de la loi 3, § 1, explication toutefois qui a l'inconvénient de restreindre à des cas particuliers l'application d'une cause de Publitienne qu'Ulpien semble présenter comme générale.

Une juste cause putative suffit-elle pour donner droit à l'action publicienne? En d'autres termes, la croyance du possesseur à l'existence d'une *justa causa* peut-elle équivaloir à l'existence même de cette *justa causa?* Les jurisconsultes romains ont été longtemps divisés sur cette question, ainsi que le prouvent les dissidences des lois 27 D. *De usurp. et usucap.* — 1 D. *Pro donato.* — 11 D. *Pro emptore.* — 3 et 5, § 1 D. *Pro suo.* — 9 D. *Pro legato.* Mais il paraît qu'après de longues discussions sur la question (*post magnas varietates*), prévalut une doctrine suivant laquelle la juste cause putative suffit dans tous les cas où la croyance à l'existence d'une *justa causa* repose sur une erreur de fait plausible ; par exemple quand le possesseur croit que son esclave ou son mandataire a acheté, conformément aux ordres qu'il a reçus, une chose qu'il s'est contenté de prendre à loyer. Si au contraire l'erreur n'est pas excusable, le possesseur n'en profite pas ; si, par exemple, une personne s'imagine avoir acheté ou reçu en don ce qui ne lui a été ni vendu ni donné. Il est difficile de savoir quelle est, à cet égard, la législation de Justinien : toutefois, comme c'est au Digeste que se trouvent les décisions contradictoires, il faut peut-être s'en tenir aux décisions contenues dans les Instituts et dans le Code, et qui semblent se rattacher toutes à l'avis rigoureux d'après lequel le titre putatif ne doit être d'aucun effet (*Instit. Just.*, l. II, tit. VI, § 11. — L. 24 C. *De rei vindic.* — L. 21 C. *Fam. ercisc.* — L. 3 C. *De usucap. pro donato.* — L. 5 C. *De præscr. long. temp.*)

SECTION III.

DE LA BONNE FOI.

La possession de celui qui prétend exercer l'action publicienne doit avoir été, non seulement fondée sur un juste titre d'acquisition, mais encore accompagnée de bonne foi. Parfaitement distincte de la juste cause, la bonne foi n'est pas la croyance que l'on est soi-même devenu propriétaire, c'est la croyance que celui qui a livré la chose avait le droit de l'aliéner, soit comme propriétaire, soit comme fondé de pouvoirs du propriétaire (L. 109, D. *de verbi signif.*) Gaïus

(Comm. II. § 43) parle de la *justa causa* et de la *bona fides* comme de deux conditions différentes exigées pour l'obtention de la Publicienne. Ulpien, dans notre titre, les commente séparément (l. 3, § 1 et s. — l. 7, § 11 et s.), et tout fait présumer que l'édit du préteur devait en contenir la double mention. D'ailleurs, ce n'est pas là seulement une question de théorie : les conséquences pratiques sont fort importantes. En effet, si l'on décide que la juste cause n'est qu'un élément de la bonne foi, il suffit, pour intenter la Publicienne, de prouver sa possession, puisque la bonne foi est toujours présumée. (L. 30 C. *de evictionibus*). Si l'on pense, au contraire, que ce sont deux conditions distinctes et indépendantes, il faut admettre que le possesseur devra prouver à la fois, et sa possession, et la juste cause qui lui sert de fondement.

Il n'est pas indispensable que la bonne foi persévère tant que dure la possession : il suffit qu'elle existe au moment de la prise de possession. La mauvaise foi qui arrive plus tard ne met obstacle ni à l'usucapion ni à la Publicienne : *mala fides superveniens non impedit usucapionem* (L. 48

§ 1. D, *de adquir. rer. dom.*). Ainsi le demandeur en revendication qui a succombé et acquis par là même la certitude qu'il n'est pas propriétaire, n'en n'est pas moins recevable à intenter l'action publicienne (L. 30, § 1. D. *de evictionibus*); mais si après avoir recouvré par ce moyen la possession, il la perd une seconde fois, la Publicienne ne lui serait plus accordée, parce qu'au commencement de sa seconde possession, il était de mauvaise foi.

Le principe que la bonne foi est requise seulement au commencement de la possession souffre deux exceptions.

La première est relative à l'usucapion *pro emptore*. Pour usucaper à ce titre, la bonne foi est nécessaire, non seulement lors de la tradition, mais aussi au moment du contrat. Il y avait eu à ce sujet discussion entre les deux écoles de jurisconsultes. Comme l'édit du préteur contenait la mention spéciale d'un achat de bonne foi, les Proculiens en avaient conclu que pour le contrat de vente le préteur avait déplacé le moment où la bonne foi est nécessaire, et ils l'exigeaient au moment du contrat. Les Sabiniens trouvaient au contraire dans cette mention spéciale une raison suffisante de se montrer plus sévères à l'égard de la vente qu'à l'égard des autres contrats, et tout en exigeant la bonne foi au moment de la vente, ils voulaient qu'elle existât encore au moment de la tradition. C'est cette dernière opinion qui a prévalu, comme le dit Ulpien dans la loi 10, *de usurp. et usucap.* Comment expliquer cette anomalie? L'édit sur la Publicienne, comme les lois sur l'usucapion, mentionnait la *bonæ fidei emptio*, indépendamment de la mention générale d'une tradition *ex justa causa*, ainsi que le prouve le § 11 de la loi 7, *h. t.* où Ulpien dit : «*Prætor ait : qui bona fide emit*» en citant ces derniers mots comme faisant partie de l'édit. Mais pourquoi le préteur exigeait-il la bonne foi au moment de la vente ? C'est dans les anciens principes de la vente qu'il faut en chercher l'explication. Dans l'ancien droit, la vente (*venumdatio*) était un mode de transférer la propriété, et elle s'opérait par mancipation; il était donc naturel qu'alors la bonne foi fût exigée au moment même de la vente, puisqu'il est de principe qu'on doit être de bonne foi au moment où l'on acquerrait la propriété si le vendeur était propriétaire. Plus tard, la vente changea de caractère, la tradition devint nécessaire pour rendre l'acheteur propriétaire, et, par suite, on demanda la bonne foi à l'instant de cette tradition, sans prendre garde que l'on pouvait alors se relâcher de la première exigence.

Une seconde exception se rapporte à l'usucapion *pro donato*, dans laquelle il faut que la bonne foi persévère jusqu'au moment même où l'action publicienne est intentée (L. 11, § 3, D. *h. t.*) Quelques jurisconsultes exigeaient, en effet, quant aux choses reçues à titre gratuit, la persistance de la bonne foi pendant tout le temps requis pour l'usucapion: cela résulte de ce passage de la loi, unique au Code *de usucapione transformanda* : « Quod « et in rebus mobilibus observandum esse cense- « mus, ut in omnibus justo titulo possessionis « antecessoris justa detentio, quam in re habuit, « non interrumpatur ex posteriore forsitan alienæ « rei scientia, licet ex titulo lucrativo ea cœpta « est. » Justinien ne se fût pas expliqué d'une manière aussi spéciale, relativement au titre lucratif, s'il n'avait existé antérieurement une doctrine contraire à sa décision. C'est sans doute par

application de cette doctrine, que la loi 11, § 3, h. t.
contient ces mots : «.... competit mihi in partu
« (ancillæ furtivæ donatæ) Publiciana,.... *si modo*
« *eo tempore quo experiar, furtivam matrem igno-*
rem, » d'après lesquels l'acquéreur à titre gratuit
doit être de bonne foi jusqu'au moment où il intente l'action publicienne. C'est là une particula-
rité de l'usucapion *pro donato,* comme pour l'usucapion *pro emptore* la nécessité de la bonne foi
lors du contrat de vente.

Cujas, n'ayant pas reconnu là une exception
admise par les jurisconsultes, proposa une cor-
rection pour faire disparaître la prétendue contradiction entre la loi 11, § 3, et les textes précédents. Mais la substitution des mots *et pariat* au
mot *experiar* est arbitraire ; elle est d'ailleurs
rendue impossible par le texte formel des Basiliques (XV. 2. 7), et par la paraphrase grecque de
Stéphane, l'un des commissaires nommés par
Justinien pour la rédaction des Pandectes. Le
texte doit donc être maintenu tel que le portent
les manuscrits du Digeste.

Lorsqu'on acquiert la possession par autrui,
par exemple, par un esclave, il faut d'abord,

pour que l'usucapion et la Publicienne soient possibles, que ce dernier soit de bonne foi. Ainsi la mauvaise foi de l'esclave acheteur nuira toujours au maître de bonne foi (L. 2, § 10, D. *pro emptore*). Mais il faut en outre que le maître ne soit pas de mauvaise foi au moment où doit commencer le cours de l'usucapion, c'est-à-dire, si la possession a été acquise par l'esclave *peculiari nomine*, au moment de cette acquisition, et si la possession a été acquise *domini nomine*, au moment où le maître en a connaissance.

Les mêmes principes s'appliquent à l'acquisition faite par le fils de famille.

L'héritier ou tout autre successeur universel, même le *bonorum emptor*, représente le défunt et continue sa personne : d'où il suit qu'il continue la possession de son auteur, telle qu'elle se comporte, qu'elle ait été acquise de bonne foi, ou de mauvaise foi. La Publicienne sera par conséquent accordée ou refusée sans qu'on tienne compte du sentiment propre de l'héritier ; on ne s'attachera qu'à celui du *de cujus*.

Si l'acquisition a eu lieu par un mode particulier, tel que la vente, le possesseur de bonne foi pourra exercer l'action publicienne malgré la mauvaise foi de son auteur, et si les deux possessions sont utiles, le nouveau possesseur pourra joindre à la sienne celle de son auteur (*Instit. Justin.* lib. II, tit. VI, §§ 12 et 13).

SECTION IV.

DE L'ABSENCE DE VICES DANS LA CHOSE.

L'action publicienne est fondée sur cette fiction, que l'usucapion seulement commencée est déjà entièrement accomplie ; d'où il suit qu'en principe, cette action ne peut s'appliquer qu'aux choses susceptibles d'usucapion. Ce principe est consacré par un texte formel, la loi 9, § 5, D. *h. t.*: « Hæc actio in his quæ usucapi non possunt, « puta furtivis, vel servo fugitivo, locum non « habet. » Ainsi, elle ne s'applique, ni aux choses mobilières qui ont été volées, ni aux immeubles occupés par violence. C'est la disposition de la loi des Douze Tables et de la loi Atinia pour les *res furtivæ*, et des lois Julia et Plautia pour les *res vi possessæ*.

L'esclave fugitif est considéré comme *res fur-*

tiva, car il est réputé se voler lui-même à son maître (l. 1, Cod. *de serv. fugit.*), et par suite, il ne peut donner lieu ni à l'usucapion, ni à l'action publicienne.

Le part d'une esclave volée est également *res furtiva* si l'esclave était déjà enceinte lors du vol, ou si elle l'est devenue chez le voleur. Il n'en est pas de même et l'enfant peut être l'objet de l'usucapion et de l'action publicienne, s'il a été conçu chez un possesseur de bonne foi (L. 48, § 5, D. *de furtis*), même chez l'héritier du voleur. Sans doute cet héritier, quelle que soit sa bonne foi, ne sera pas admis à l'usucapion et à la Publicienne, car il a succédé au vice de la possession de son auteur (*quia vitiorum defuncti successor est*); mais s'il vend à un acheteur de bonne foi l'esclave volée, celui-ci en possédera l'enfant d'une manière utile pour la Publicienne, et *a fortiori* si l'esclave volée avait conçu chez lui. Elle accoucherait même chez un nouveau possesseur, que l'acheteur pourrait exercer l'action publicienne relativement à l'enfant, bien qu'il ne l'ait jamais possédé distinctement, et par cela seul qu'il a possédé la mère pendant sa grossesse (l. 11, § 2, D. *h. t.*).

Si le possesseur de bonne foi de l'esclave volée, au lieu d'être un acheteur est un donataire, il faut, pour qu'il puisse employer l'action publicienne, que sa bonne foi persiste jusqu'au moment où il intente cette action (l. 11, § 3, D. h. t.).

L'usucapion du part de l'esclave procède de la même cause qui aurait conduit à usucaper la mère, si elle n'était pas chose furtive (l. 11, § 4, D. h. t.), On possède l'enfant au même titre que la mère.

Les règles sur le part de l'esclave volée s'appliquent aussi au part de ce part : ainsi l'enfant de la fille de l'esclave volée, conçu et né chez le voleur, ne pourrait être usucapé par un acheteur de bonne foi, car cet enfant est *res furtiva* ; mais il pourrait donner lieu à l'usucapion et à l'action publicienne, s'il avait été conçu chez ce possesseur de bonne foi.

Le croît des animaux, à la différence du part des esclaves, est considéré comme fruit ; et par suite, en vertu des principes qui régissent l'acquisition des fruits, le croît d'un animal volé appartient au possesseur de bonne foi, dès le moment de sa naissance et sans le secours de l'usucapion. Le part de l'esclave volée, au contraire, n'étant pas regardé comme un fruit, ne s'acquiert que par le temps requis pour l'usucapion. Toutefois il est à remarquer qu'Ulpien exige la conception chez le possesseur de bonne foi pour le croît des animaux aussi bien que pour le part de l'esclave (L. 48, § 5, D. *de furtis*); tandis que Paul, ne tenant aucun compte de l'époque de la conception, s'attache uniquement au moment de la séparation, pour le croît comme pour la laine ou le lait : « Ovium fœtus « in fructu sunt, et ideo ad bonæ fidei emplo- « rem pertinent, etiamsi prægnantes venierint, « vel subreptæ sint. Et sane quin lac suum « faciat, quamvis plenis uberibus venierint, « dubitari non potest. Idem in lana juris est. (L. 48, § 2, D. *de adquir. rer. dom.*) On retrouve la même doctrine dans la loi 4, § 19. D. *de usurp. et usucap.* Ainsi, d'après ce jurisconsulte, la conception du croît chez le voleur n'empêchera ni l'usucapion, ni la Publicienne, pourvu que la séparation ait eu lieu chez le possesseur de bonne foi. C'est cette dernière opinion, plus conforme aux principes sur l'acquisition des fruits, qui paraît avoir prévalu.

Il y a encore plusieurs cas où la Publicienne n'est pas accordée parce que la chose possédée est déclarée inaliénable par une loi ou une constitution (L. 12, § 4, D. *h. t.* Gaïus, *Comm.* II. § 63); ainsi, le fonds dotal, que la loi Julia défend au mari d'aliéner sans le consentement de sa femme; ainsi les biens des coupables des crimes de lèse-majesté, de concussion, et autres, dont une constitution de Septime-Sévère et de Caracalla prohibait l'aliénation afin d'empêcher le coupable ou ses héritiers de les soustraire à la confiscation. Le même résultat était produit par la défense prononcée par un sénatusconsulte comme celui rendu sur la proposition de Septime-Sévère, et qui prohibait l'aliénation des *prædia rustica* ou *suburbana* des pupilles, en réservant toutefois au préteur le pouvoir de l'autoriser par décret. Quant aux autres immeubles des pupilles, les interprètes du droit romain les regardent assez communément comme également inaliénables. Mais, outre que le sénatus-consulte que je viens de citer fournit un argument *à contrario* contre cette opinion, elle est en contradiction avec plusieurs textes (notamment la loi 7, § 3, **D.** *pro emptore*); et le seul texte sur lequel elle se fonde, la loi 48, pr. **D.** *de adquir. rer. dom.*, qui présente comme inaliénables les *res pupilli*, est altéré, car à la place de *veluti si pupilli sit*, les Basiliques portent : ὡς τοῦ δήμου ὄντα, de sorte que le texte primitif paraît avoir été *populi*, et que la loi 48, pr. parlait des biens du peuple au lieu de parler des biens des pupilles.

Les choses non susceptibles de propriété privée échappent, par leur nature même à la Publicienne comme à l'usucapion. Telles sont les choses communes, publiques, saintes, sacrées, et pareillement les hommes libres.

Les choses incorporelles, telles que l'usufruit et les servitudes urbaines ou rurales, ne sont pas, dans la rigueur du droit, susceptibles de possession, ni par conséquent propres à devenir l'objet de l'usucapion ou de la Publicienne. Mais peu à peu l'on arrive à considérer l'usufruit et les servitudes urbaines et rurales comme susceptibles d'une quasi-possession. Le préteur trouva, dans la quasi-possession de ces droits, toutes les con-

ditions propres à conduire à l'usucapion, et par
une disposition favorable, accorda l'action publicienne au possesseur qui pourtant, selon les
principes, ne pourrait jamais arriver à accomplir
l'usucapion.

L'utilité de l'action Publicienne était d'autant
plus grande en cette matière, que, dans le droit
classique, la tradition faite par le propriétaire ne pouvait ni établir le droit d'usufruit
ou toute autre servitude, ni même servir de
point de départ à une usucapion propre à faire
acquérir ces droits.

Le *jus agri vectigalis* et le *jus superficiei* n'étaient
pas susceptibles d'usucapion. Les possesseurs de
ces droits n'avaient rigoureusement d'autre ressource, lorsqu'ils étaient troublés, qu'une action
personnelle contre le propriétaire du sol, pour
se faire indemniser par lui, si le trouble provenait
de son fait, ou se faire céder ses actions, si le
trouble émanait d'un tiers (L. 1, § 1. D. *De super-
ficiebus*) : on aurait donc dû, suivant le droit strict,
ne point leur accorder l'action publicienne. Mais,
en définitive, ces possesseurs réunissaient toutes
les conditions ordinaires de l'usucapion, et s'ils

ne pouvaient usucaper, cela tenait à la rigueur de certaines règles subtiles, et non à un véritable vice attaché à la chose, comme pour les choses volées ou possédées par violence. Le préteur prit en considération la position de ces possesseurs, et par un motif d'équité, leur accorda l'action publicienne, bien que l'usucapion leur fût impossible. C'est ce que dit la loi 12, § 2 et 3 D. *h.t.*; et il n'y a pas là d'antinomie réelle avec la loi 9, § 5, qui refuse la Publicienne pour les choses *quæ usucapi non possunt;* car si, dans les hypothèses prévues par la loi 12, l'usucapion n'est pas possible, cette impossibilité résulte de certaines raisons spéciales, et non de l'absence des conditions habituelles de l'usucapion.

Cujas (*ad* L. 12, § 2 D. *h. t.*) donne une autre explication qui, en la supposant fondée, atténuerait davantage encore l'ant'nomie des lois 9 et 12. Selon lui, ce ne sont pas seulement les choses susceptibles d'usucapion qui peuvent être demandées par l'action publicienne ; ce sont aussi les choses susceptibles de cette usucapion *non proprie dicta* que l'on appelle *præscriptio longi temporis.* Mais cette interprétation a le défaut de

supposer résolue une question demeurée insolu-
ble faute de documents, celle de savoir si le *jus
agri vectigalis* et le *jus superficiei* étaient protégés
par la *præscriptio longi temporis*.

CHAPITRE II.

QUI PEUT INTENTER L'ACTION PUBLICIENNE.

L'action publicienne est accordée :

1° A celui qui ayant reçu de bonne foi *a non
domino* une chose *mancipi* ou *nec mancipi*, en vertu
d'une juste cause, en a perdu la possession
avant d'avoir acccompli l'usucapion.

2° A celui qui a reçu *a domino*, mais par simple
tradition, une chose *mancipi*.

Longtemps les commentateurs ont reconnu
sans difficulté dans les deux cas d'application de
l'usucapion, deux applications de la Publicienne,
c'est-à-dire qu'il ont admis l'existence de cette
action, tant au profit de celui qui a la chose *in
bonis* que du possesseur de bonne foi. Et en effet,
la formule de l'action publicienne, rapportée par
Gaïus, et que nous avons citée plus haut, con-

vient également aux deux hypothèses ; l'usucapion s'appliquait aussi bien à l'une qu'à l'autre
(Gaïus, *Comm.* III, §§ 41, 43, 44) : on concevrait
donc avec peine que la Publicienne, créée sur la
base de l'usucapion, ne protégeât pas également
l'une et l'autre situation.

Cependant plusieurs auteurs pensent que la
Publicienne est réservée au possesseur de bonne
foi, et s'efforcent de trouver une autre action
réelle pour celui qui a le domaine bonitaire.

Sans doute, suivant la loi 1, *pr.* de notre titre,
le texte de l'édit prétorien contenait les mots *non
a domino*, qui excluraient de l'application de la
Publicienne le cas où l'on a une chose *in bonis*;
mais l'absence de tout commentaire d'Ulpien sur
ces mots, tandis qu'il commente successivement
tous les autres, prouve assez que ce n'est là
qu'une interpolation de Tribonien.

Quelle action d'ailleurs aurait-on donnée à celui qui avait une chose *in bonis* ? Une action réelle
fictice, a-t-on dit, c'est-à-dire l'action *in rem* du
propriétaire donnée utilement, au moyen d'une
fiction variant suivant les cas : fiction d'une mancipation accomplie, s'il s'agit d'une chose man-

cipi acquise par simple tradition; fiction de la qualité d'héritier, lorsqu'il s'agit du *bonorum possessor*, ou du *bonorum emptor*.

Il est vrai que le *bonorum possessor* et le *bonorum emptor* ont une action réelle fictice dans laquelle la qualité d'héritier leur est supposée. Mais c'est une pure imagination que de vouloir que la mancipation soit supposée accomplie au profit de celui qui n'a reçu que la tradition d'une chose *mancipi*; personne n'a pu trouver dans un texte quelconque la moindre trace d'une telle action, et dans le cas dont il s'agit, la fiction d'une mancipation est bien moins naturelle que celle d'une usucapion accomplie.

Suivant d'autres auteurs, le domaine bonitaire était protégé par la *formula petitoria*. En effet, disent-ils, Gaïus (*Comm.* IV, § 92) en parle ainsi : « *Hæc est qua actor intendit rem suam esse* » sans ajouter les mots *ex jure Quiritium*, lesquels figurent au contraire dans la procédure *per sponsionem* mentionnée au § 93. Mais la *formula petitoria* n'est pas une action particulière, c'est seulement une forme déterminée de procédure dans la *rei vindicatio*. Si son *intentio* s'arrête quelquefois aux mots *suum esse*, elle contient aussi dans d'autres passages l'addition *ex jure Quiritium*; et d'ailleurs un grand nombre de textes établissent que les expressions *meum*, *tuum*, *suum esse*, indiquent toujours, même quand elles se rencontrent seules, le domaine quiritaire. Gaïus lui-même nous en donne une preuve; car au § 34 de son Comm. IV, il dit du *bonorum possessor* : *Veque id quod defuncti fuit, potest intendere suum esse.* » Et pourtant le *bonorum possessor* a les choses héréditaires *in bonis*. Si donc il ne peut pas, malgré cela, *intendere suam esse rem defuncti*, c'est que les expressions *meum*, *tuum*, *suum*, s'appliquent uniquement au *dominium ex jure Quiritium*.

Nous maintenons donc que celui qui avait une chose *in bonis* pouvait en réclamer la possession par la Publicienne.

L'action publicienne est donnée :

3° Au propriétaire lui-même, s'il a perdu la possession. Les auteurs qui, après Cujas et Pothier, ont soutenu le contraire, nous paraissent s'être trompés. Le propriétaire, disent-ils, a la revendication : il n'a pas l'action publicienne, puis-

qu'elle n'a pas été créée pour lui, et qu'il n'en a pas besoin. Cette doctrine, ajoutent-ils, est confirmée par les textes suivants : la loi 1, *pr.* et § 1, D. *h. t.*, qui par les mots *nondum usucaptum* fait de l'inaccomplissement de l'usucapion une condition de la Publicienne; et ce texte de Paul (L. 18, D. *de pign. et hypoth.*) : « Si ab eó qui Publi-
« ciana uti potuit, *quia dominium non habuit*
« pignori accepi, sic tuetur me per Servia-
« nam prætor quemadmodum debitorem per
« Publicianam. »

Cette opinion nous semble fondée sur des arguments peu solides, et elle conduirait à des résultats inadmissibles. Sans doute le préteur n'a pas inventé cette action pour le propriétaire; mais a-t-il davantage imaginé la *bonorum possessio* pour l'héritier? et cependant il ne lui en refusait point le secours, car il avait l'habitude d'admettre à l'usage de ses institutions, ceux mêmes que garantissait déjà le droit civil.

L'argument qui consiste à contester que le propriétaire ait avantage à intenter l'action publicienne n'est pas mieux fondé. En effet, pour réussir dans la revendication, il faut prouver sa propriété, et par conséquent celle de chacun de ses auteurs, preuve difficile, et souvent impossible; ou au moins il faut prouver que sa possession ou celle de son auteur a duré le temps requis pour l'usucapion, et cette preuve là même peut, dans la pratique, présenter des difficultés. Au contraire, pour réussir dans l'action publicienne, il suffit d'avoir commencé l'usucapion, en possédant, ne fût-ce qu'un instant, la chose qu'on réclame. Le propriétaire a donc intérêt à pouvoir employer l'action publicienne; et s'il en est ainsi, pourquoi lui serait-elle refusée lorsque sans se prévaloir de son droit de propriété, il se présente seulement comme réunissant les conditions exigées par l'édit prétorien?

Quant aux textes invoqués, ils n'ont pas le sens et la portée qu'on leur attribue. Les mots : *nondum usucaptum*, de la loi 1ª, § 1 signifient, non point que le préteur *exige* que le possesseur *n'ait pas usucapé*, mais bien que le préteur *n'exige pas* que le possesseur ait *usucapé.* La loi 18, D. *de pign. et hypoth.* ne tranche pas la question : elle n'a pas pour but d'indiquer dans quels cas on peut agir par la Publicienne. Dans ce fragment, Paul s'ocoupe de l'action servienne, et suppose qu'une personne a remis en gage à son créancier une chose dont elle n'est pas propriétaire, mais pour laquelle elle a l'action publicienne; si le jurisconsulte dit, en parlant du constituant : « qu'il « pouvait employer la Publicienne parce qu'il « n'avait pas le *dominium*, » c'est pour bien préciser l'espèce, et pour faire ressortir davantage sa solution, qui consiste en ceci, que celui qui, sans être propriétaire, est mis par le préteur *loco domini*, peut constituer efficacement un droit de gage.

Voyons d'ailleurs à quels résultats conduit le système de nos adversaires. Titius, qui possède le fonds Cornélien, remplit toutes les conditions requises pour l'usucapion, sauf le temps. S'il perd la possession, il la recouvre au moyen de l'action publicienne, et pour cela, il lui suffit de prouver son juste titre. Si au contraire il perd la possession du fonds après que l'usucapion l'en a rendu propriétaire, sa position est plus favorable encore; et pourtant, d'après ce système, Titius serait obligé de prouver, non-seulement sa juste cause d'acquisition, mais encore qu'il a

possédé pendant tout le temps requis pour l'usucapion. Une conséquence aussi inacceptable est
la condamnation du système qui la produit.

Enfin, l'opinion que nous combattons est con-
tredite par des textes formels. Ainsi la loi 39, § 1,
D. *de evictionibus* refuse l'action en garantie à un
acheteur de bonne foi qui a succombé dans la
revendication, par la raison qu'il lui reste l'action publicienne. La loi 66 du même titre refuse
également l'action en garantie à l'acheteur qui,
averti par le vendeur d'employer l'action publicienne plutôt que la revendication, a négligé de
suivre ce conseil. Prétendra-t-on que le propriétaire qui doute de son droit, ou qui veut éviter
les lenteurs et les difficultés de la revendication,
devra, pour pouvoir employer l'action publicienne, attendre le conseil d'un tiers?

Concluons donc que le propriétaire avait droit
à la Publicienne. Il pouvait, ou se faire délivrer
cumulativement, sous l'alternative les deux for-
mules de la revendication et de la Publicienne,
afin de se réserver la chance d'obtenir en vertu
de celle-ci ce qu'il n'aurait pu obtenir au moyen
de celle-là (L. 1, § 4, D. *quod legatorum*); ou bien

se faire délivrer seulement la Publicienne, qui lui rendait la preuve plus facile. De plus, celui même qui a échoué dans la revendication conserve le droit d'exercer l'action publicienne (L. 30, § 1, D. *de evictionibus*).

4° Enfin, l'action publicienne est admise dans certains cas où l'usucapion ne l'est pas : ainsi, au profit du possesseur d'un *ager vectigalis* ou d'une superficie ; de même au profit de celui qui a joui paisiblement d'une servitude personnelle ou prédiale : nous ne reviendrons pas sur les explications données plus haut.

Il convient de rappeler ici que l'action publicienne passe aux successeurs civils ou prétoriens de celui qui avait le droit de l'intenter, bien qu'ils n'aient jamais possédé, et indépendamment de leur bonne ou de leur mauvaise foi personnelle (L. 7, § 9, et l. 12, § 1, D. *h. t.*).

CHAPITRE III

CONTRE QUI SE DONNE L'ACTION PUBLICIENNE.

L'action publicienne est accordée contre tout possesseur, même contre le véritable propriétaire. Et en effet, comme la formule de cette action fait dépendre la condamnation du défendeur de la solution affirmative de cette question : « Le « demandeur serait-il propriétaire, si sa posses- « sion avait duré le temps requis pour l'usuca- « pion ? » il est clair que le propriétaire lui même peut être condamné ; car la question posée au juge peut être résolue affirmativement, quel que soit le possesseur actuel.

Il peut être fort équitable que le précédent possesseur l'emporte sur le propriétaire : c'est même ce qui a lieu le plus ordinairement quand il s'agit d'une chose *mancipi* simplement livrée *à domino*. Mais il serait contraire à l'équité, que lorsqu'une chose a été transmise *à non domino* à un possesseur de bonne foi, la publicienne lui fournît un moyen d'évincer le propriétaire. Aussi ce dernier avait une ressource : il pouvait faire insérer dans la formule l'exception « *si ea res possessoris non sit.* » qu'on appelait exception *justi dominii*. Par l'effet de cette exception, il ne suffisait plus au juge, pour donner gain de cause au demandeur, de reconnaître que la chose lui appartiendrait si sa possession eût duré un an ou deux ans; il fallait qu'il reconnût en outre qu'elle n'appartenait pas actuellement au défendeur qui la possédait.

On peut s'étonner, au premier abord, que le propriétaire eût besoin d'une exception pour se défendre contre la Publicienne, action prétorienne, tandis qu'aucune exception ne lui était nécessaire pour repousser la revendication, action civile. Mais ce résultat, bizarre en apparence, s'explique par les règles de la procédure formulaire. La question posée au juge par la formule devant être pour lui l'objet d'un examen à la fois complet et exclusif, la personne attaquée n'a que faire d'une exception pour se défendre devant le juge, toutes les fois que sa défense consiste à nier précisément ce qu'affirme le défendeur, à contredire directement son *intentio* : toutes les fois, au contraire, que la circonstance à présenter comme défense ne combat pas directement l'*intentio*, le défendeur a besoin de la faire formuler en une exception qui donne au juge le pouvoir de tenir compte de cette circonstance, et qui fasse de sa non-réalité une seconde condition de la condamnation. Vous revendiquez contre moi, vous vous prétendez propriétaire : qu'ai-je besoin d'exception? Il me suffit, pour faire tomber l'assertion de votre *intentio*, de prouver que c'est moi qui suis propriétaire. Mais si je suis attaqué par l'action publicienne, invoquer mon droit de propriété, ce ne serait pas contredire l'*intentio* du demandeur, et s'il prouvait que la chose lui appartiendrait en supposant qu'il l'eût possédée le temps requis pour l'usucapion, le juge devrait me condamner. Il me faudra donc obtenir du préteur qu'il ajoute à la formule l'exception *justi dominii*, qui sera l'objet d'une question secondaire : le juge ne devra donner gain de cause au demandeur que si, après qu'il aura établi le bien fondé de son *intentio*, je ne parviens pas à prouver que je suis propriétaire.

S'il est juste dans certains cas que l'action publicienne soit paralysée par l'exception *justi dominii*, il en est d'autres où un tel résultat serait une iniquité; mais cette exception peut être combattue par une réplique qui en détruise l'effet. Si par exemple un propriétaire, après avoir livré par simple tradition une chose *mancipi*, rentre ensuite en possession de cette chose, et qu'à la Publicienne intentée contre lui par celui auquel il avait remis la possession, il oppose l'exception *justi dominii*, le demandeur répondra par la réplique *rei venditæ et traditæ* ou *rei donatæ et traditæ*, suivant qu'il s'agira d'une vente ou d'une donation. Ces répliques assureront le plus souvent le succès du demandeur, à moins que les circonstances ne fournissent une duplique victorieuse au défendeur, comme par exemple, lorsqu'une donation a excédé le taux fixé par la loi Cincia, la duplique « *si non contra legem Cinciam donatum est.* »

On trouve dans les textes du Digeste, d'après l'énumération de Cujas (*Comm. ad h. t. t.* VII p. 841 *sqq.*), sept cas dans lesquels l'action publicienne peut prévaloir contre le propriétaire : parcourons-les successivement.

1. J'ai donné mandat à mon procureur de vendre une chose. La vente est conclue et le prix payé. Puis, revenant sur ma première décision, je défends à mon mandataire de livrer la chose. Il la livre néanmoins à l'acheteur. Si celui-ci vient à perdre la possession, et que la chose rentre dans mes mains, il aura contre moi l'ac-

tion publicienne, et si par l'exception *justi do-minii* je me prévaux de ce qu'une tradition faite contre ma volonté n'a pu lui transférer la propriété, l'acquéreur y répondra victorieusement par la réplique « *si non auctor petitoris ex vo-* « *luntate possessoris vendidit.* » (L. 14 D. *h. t.*)

2. Le possesseur de bonne foi, actionné en revendication, est obligé, à partir de la *litis con-testatio*, de veiller à la conservation de la chose : il est responsable de la perte survenue par son dol ou par sa faute. Toutefois, si par sa faute seulement il vient à perdre la possession de cette chose, et que par suite il soit contraint d'en payer le prix au propriétaire demandeur, il peut obtenir de ce dernier la cession de son action réelle pour revendiquer la chose dont il a payé le prix. S'il a omis d'exiger cette cession, le préteur lui accorde l'action publicienne, même contre le propriétaire qui aurait recouvré la possession ; et si celui-ci oppose l'excep-tion *justi dominii*, le possesseur de bonne foi la paralysera par la *replicatio doli mali*, car il y au-rait dol de la part du propriétaire, à vouloir

retenir une chose dont il a déjà reçu l'estimation (L. 63, D. *de rei vindic*).

3. J'ai acheté une chose *a non domino*; le propriétaire revendique contre moi, et je suis absous. Si plus tard la possession m'échappe et qu'elle revienne aux mains du propriétaire, j'intenterai contre lui l'action publicienne, et s'il prétend par l'exception *justi dominii* remettre en discussion la question de propriété, son exception sera repoussée par la réplique *rei judicatæ* (L. 24 D. *de exc. rei judic*).

4. Primus vous a vendu un fonds qui appartenait à Secundus; ce fonds vous a été livré et vous avez payé le prix convenu. Acheteur de bonne foi, vous avez droit à la Publicienne, si vous perdez la possession. Primus devient plus tard héritier de Secundus, et ayant recouvré la possession du fonds, il le vend et le livre à Tertius, qui en acquiert ainsi la propriété. Cependant, si vous intentez la Publicienne contre Tertius, il ne pourra pas vous opposer valablement l'exception *justi dominii*, car si vous aviez affaire à Primus lui même, vous repousseriez cette même exception par la réplique *rei venditæ et traditæ*,

et Primus ne peut avoir transmis à Tertius plus de droit qu'il n'en avait. L'exception de Tertius sera donc paralysée par la réplique : *si non mihi « vendiderit et tradiderit vindicantis actor »* (L. 72) D. *de rei vindic*; l. 4, § 32, *de doli mali et met. except*; l. 2, *de except. rei vend. et trad.*)

5. A la suite d'un délit commis à mon préjudice par un esclave, celui qui le possédait de bonne foi me le livre *ex noxali causa*. Si j'en perds la possession, j'aurai contre le propriétaire lui même l'action publicienne, et à son exception *justi dominii* j'opposerai la réplique *doli mali*, qui le mettra dans l'alternative de me laisser l'esclave, ou de m'indemniser de son délit. (L. 28 D. *de noxalibus actionibus*).

6. Propriétaire d'une maison voisine de la mienne, et qui menace ruine, vous refusez de me donner caution de réparer le dommage que peut me causer sa chute. Sur ce refus, le préteur, par un premier décret, m'envoie en possession de votre maison *custodiæ causâ*, et si vous persistez, par un second décret il m'autorise à posséder *ad usucapionem*. Si la possession m'échappe, j'exer-

cerai la Publicienne même contre vous, propriétaire, et je triompherai de votre exception *justi
dominii* par la réplique de dol (L. 18, § 15, D. *de
damno infecto*).

7. Un marchand d'esclaves, en partant pour
un voyage, constitue un mandataire qu'il
charge de vendre des esclaves qu'il laisse à
Rome. Ce mandataire vient à mourir, et ses héritiers, ignorant que le mandat s'est éteint par
suite de cette mort, et dans l'intention, non de
voler, mais de remplir la mission acceptée par
le défunt, ont vendu les esclaves : les acheteurs
en sont devenus propriétaires par usucapion.
Plus tard, l'acheteur revient à Rome et mécon-
tent des conditions de la vente, il veut agir par la
Publicienne contre les acheteurs ; mais il craint
d'être repoussé par l'exception *justi dominii*.
Papinien, consulté, répond que le marchand
réussira dans l'exercice de l'action publicienne,
parce que l'exception *justi dominii* ne se donnant
que *causa cognita*, le préteur trouvera équitable
de ne pas la délivrer, ou de délivrer en même
temps une *replicatio in factum* destinée à la com-
battre (L. 57. D. *mandati*).

Après avoir examiné le cas où l'action publicienne est dirigée contre le propriétaire, voyons
ce qui arrive lorsque le défendeur à cette action
est lui-même possesseur de bonne foi, et en
train d'usucaper.

Ulpien distingue à cet égard, d'après Julien, si
les deux acheteurs ont traité avec le même vendeur, ou avec deux vendeurs différents.

Si c'est du même vendeur non propriétaire
que les deux acheteurs ont successivement
acheté la même chose, celui qui a été mis en
possession le premier doit l'emporter, qu'il soit
demandeur ou défendeur à la Publicienne; car
la seconde tradition n'a pu transférer à l'autre
acheteur plus de droit que son auteur n'en avait
lui-même. Or, si le vendeur, après la première
tradition, avait de bonne foi acheté la chose et
recouvré la possession, il ne pourrait pas intenter la Publicienne contre son acheteur sans être
repoussé par l'exception *rei venditæ et traditæ*; il
ne pourrait pas davantage, étant défendeur à la
publicienne intentée par cet acheteur, lui opposer
une exception tirée de ce qu'il possède aussi de
bonne foi, et est également *in causa usucapiendi* :

cette exception serait repoussée par la réplique *rei venditæ et traditæ*. La même exception ou réplique de garantie restera donc également victorieuse à l'égard de l'acheteur mis en possession en second lieu.

Lorsque les deux acheteurs ont reçu la même chose de deux vendeurs non propriétaires, l'action publicienne exercée contre celui qui est actuellement en possession demeure toujours sans succès. En effet, la position des deux acheteurs étant pareille et indépendante, il n'y a pas à tenir compte de l'antériorité de tradition, et l'on applique avec raison la maxime : *In pari causa potior est conditio possidentis*. Telle est du moins la décision de Julien et d'Ulpien (L. 9, § 4, D. *h. t.*).

Suivant Nératius, au contraire, celui qui a été mis en possession le premier doit l'emporter dans tous les cas (L. 31, § 2, D. *de act. empti.*). Mais cette opinion n'a point prévalu : il n'y a pas en effet de motif de donner la préférence au premier possesseur, lorsque tous deux ont des auteurs différents, dont aucun n'est propriétaire.

DROIT FRANÇAIS.

DES CONDITIONS

REQUISES DANS LA POSSESSION

Au point de vue de la prescription.

La possession consiste dans la réunion de deux faits : l'un matériel, le fait d'exercer une puissance physique sur une chose, l'autre intentionnel, l'intention de propriété, c'est-à-dire la volonté d'exercer cette puissance à titre de maître.

Ainsi, l'on possède sur une chose le droit de propriété, lorsqu'on exerce sur elle des actes de puissance à titre de propriétaire ; on possède sur une chose le droit d'usufruit, le droit d'usage ou le droit de servitude réelle, lorsqu'on exerce à l'égard de cette chose les actes de puissance que comportent les droits d'usufruit, d'usage, de servitude réelle.

Nos anciens auteurs, suivant en cela le langage du droit romain, distinguaient la *possession* des choses corporelles, et la *quasi-possession* des choses incorporelles, c'est-à-dire qu'ils réservaient le nom de possession pour les actes constituant l'exercice du droit de propriété, et qu'ils le refusaient aux actes constituant l'exercice des autres droits réels, tels que l'usufruit, l'usage, les servitudes, ne reconnaissant dans ces actes qu'une simple analogie avec la possession. Le Code civil n'a pas admis cette distinction subtile, et a laissé au mot possession son sens général. Voici en effet la définition qu'il donne de la possession, dans l'article 2228 : « La possession est « la détention ou la jouissance d'une chose ou « d'un droit que nous tenons ou que nous exer- « çons par nous-même ou par un autre qui la « tient ou qui l'exerce en notre nom. »

La possession, avons-nous dit, se compose

d'un fait matériel, et d'une intention. Le fait matériel de jouissance consiste non-seulement dans l'usage immédiat d'une chose, mais aussi dans la faculté physique que l'on a de s'en servir : ainsi, l'on détient un meuble, non-seulement lorsqu'on s'en sert, mais encore lorsqu'on l'a sous la main, à sa disposition. On est également considéré comme ayant une chose en sa puissance, lorsqu'elle est à la disposition d'une personne qui la détient en notre nom, et qui est en quelque sorte notre instrument, comme un mandataire, un locataire ou un fermier. On peut donc être possesseur d'une chose sans en avoir la détention matérielle, et, réciproquement, on peut la détenir matériellement sans en avoir la possession proprement dite.

Quant à l'intention de propriété, *animus domini*, elle consiste dans la volonté de posséder pour son propre compte, à titre de maître. Elle est complétement indépendante de la bonne foi, et existe chez le voleur aussi bien que chez le possesseur le plus légitime. Au contraire, le dépositaire, le commodataire, détenant pour le propriétaire, ne l'ont pas. L'usufruitier, l'usager, l'emphytéote, etc., n'ont pas cet esprit de maî-trise relativement au droit de propriété, mais ils l'ont relativement au droit qui leur est propre.

Sans l'*animus domini* il n'y a pas de possession légale, il n'y a qu'une simple détention. Cela ré-sulte clairement des articles 2220, 2230 et 2236 du Code civil, et même de l'article 2228; car, si la possession est « la détention ou la jouissance « d'une chose ou d'un droit que nous tenons ou « que nous exerçons par nous-mêmes ou *par un* « *autre qui la tient ou qui l'exerce en notre nom*, » cet autre, qui est l'instrument du possesseur, n'est certainement pas, lui aussi, possesseur du même objet.

La possession, par elle-même et alors qu'elle n'est pas réunie à la propriété, procure de nom-breux et importants avantages. Sans en compter soixante-douze, comme le faisait un ancien au-teur pour justifier la maxime *Beati possidentes*, nous citerons seulement les principaux :

La possession fait ordinairement présumer un droit conforme à cette possession.

Le possesseur de la chose d'autrui fait siens les fruits qu'il perçoit de bonne foi (art. 549).

La possession qui a duré un certain temps en réunissant certaines conditions, donne à celui qui a possédé le droit d'exercer les actions possessoires, pour se faire maintenir ou se faire réintégrer en possession.

En se prolongeant davantage, elle fait acquérir, sauf certaines distinctions, le droit qui a été possédé.

Elle procure instantanément la propriété des choses qui n'appartiennent à personne, et quelquefois même, la propriété de meubles appartenant à autrui (C. civ., art. 2279 et 2280).

D'après ce qui précède, on peut s'étonner de voir discuter par les jurisconsultes la question de savoir si la possession *animo domini* est un *fait* ou un *droit*, ou plus exactement, s'il existe un *droit de possession.* En effet, toute action supposant un droit qui en forme la base, et la loi ayant organisé des actions spéciales pour régler les différends relatifs à la possession, il faut bien qu'aux yeux de la loi il existe un droit de possession. D'ailleurs, de quoi s'agit-il dans les actions possessoires? Ce que prétend le demandeur, c'est qu'il a le droit de posséder, et qu'il doit être en conséquence maintenu ou réintégré en possession ; ce que prétend le défendeur, c'est aussi qu'il a le droit de posséder ; ce que décide le juge, c'est que le droit de posséder appartient à l'un, ou appartient à l'autre. Il existe donc un droit de posséder, ou droit de possession !

La possession à l'effet d'exercer les actions possessoires est la même que celle à l'effet de prescrire ; ce que nous dirons des diverses conditions requises dans la possession pour qu'elle fasse acquérir la prescription s'appliquera également à la possession nécessaire pour l'exercice des actions possessoires.

Cette proposition serait inexacte si l'on devait s'en tenir à l'article 23 du Code de procédure, aux termes duquel les actions possessoires ne peuvent être formées que « par ceux qui, depuis « une année au moins, étaient en possession « paisible, par eux ou les leurs, à titre non pré- « caire. » Mais il est clair que cet article 23 n'indique pas toutes les conditions que doit réunir la possession ; autrement on devrait dire qu'une possession clandestine ou équivoque pourrait donner le droit d'exercer les actions possessoires. Il faut donc sortir de l'article 23, qui est incomplet, et le compléter par quelque autre texte. Or, le seul texte qui paraisse propre à combler cette lacune, c'est celui qui énumère les conditions de la possession à l'effet de prescrire, l'article 2229 du Code civil. Décider autrement, tout en reconnaissant, comme il le faut bien, l'insuffisance de l'article 23, c'est abandonner à un arbitraire sans limites la fixation des conditions nécessaires à l'exercice des actions possessoires.

Si les conditions de la possession qui donne les actions possessoires sont les mêmes que celles de la possession qui conduit à la prescription, cela ne doit s'entendre que des conditions de la possession en elle-même et indépendamment de l'objet auquel elle s'applique; nous n'allons pas jusqu'à dire que l'on ne pourrait pas agir au possessoire quant à des biens imprescriptibles. Les biens dotaux de la femme, les biens du mineur, sont imprescriptibles pendant le temps du mariage ou de la minorité; ce n'est pas une raison pour que l'on n'en puisse point acquérir la saisine possessoire. Le législateur déroge aux principes généraux en empêchant la prescription de s'accomplir, parce qu'il voit un grave intérêt à protéger les femmes, les mineurs, menacés de la perte irrévocable de leurs biens. Mais l'action possessoire, étant loin d'avoir des résultats aussi fâcheux, il n'y avait pas lieu, en ce qui la concerne, de faire exception aux principes.

Après avoir exposé ces quelques notions générales sur la possession, nous allons étudier, dans un premier chapitre, quelles sont les qualités que doit réunir la possession à fin de prescrire, indépendamment du laps de temps plus ou moins long par lequel s'opère la prescription ; et dans un second chapitre, nous examinerons si et dans quels cas on peut joindre à sa possession celle des précédents possesseurs : c'est la matière de l'accession des possessions.

CHAPITRE I.

DES QUALITÉS NÉCESSAIRES A LA POSSESSION POUR PRESCRIRE.

Pour que la possession prolongée pendant le

temps déterminé par la loi conduise à la prescription, il faut qu'elle réunisse les six qualités suivantes : elle doit être

Paisible ;

Publique ;

A titre de propriétaire ;

Continue ;

Non interrompue ;

Non équivoque.

La nécessité de chacune de ces diverses conditions résulte des articles 2229 et 2232 du Code civil. Le premier est ainsi conçu : « Pour pres- « crire, il faut une possession continue et non « interrompue, paisible, publique, non équivo- « que, à titre de propriétaire ; » et voici le second : « Les actes de pure faculté, et ceux de simple « tolérance, ne peuvent fonder ni possession, ni « prescription. »

Nous allons examiner ces six qualités dans autant de sections distinctes.

SECTION I.

DE LA POSSESSION PAISIBLE.

La possession paisible est celle qui n'est ni violente, ni violentée.

« La possession qui ne s'est fondée et soutenue que par la violence, par exemple, par la séquestration du propriétaire, n'est évidemment pas paisible, et par conséquent, utile pour prescrire. Cela résulte, non seulement de l'article 2229, mais aussi de l'article 2233, aux termes duquel « les actes de violence ne peuvent fonder une « possession capable d'opérer la prescription. »

Quand la possession, sans être basée sur la violence, a été constamment troublée par les entreprises violentes d'un rival, on ne peut pas dire que cette possession est *violente*, mais elle est *violentée*, et l'on ne peut pas dire qu'elle est tranquille, *paisible*, qu'elle a été exercée « *franchement et sans inquiétation*, » comme s'exprime la Coutume de Paris (art. 113) ; car rien n'est moins paisible qu'une possession que de continuelles attaques tendent à détruire. Mais quelques entreprises isolées, quelques voies de fait repoussées par des voies de fait contraires, ne suffiraient pas pour enlever à la possession le caractère de paisible.

C'est aux juges qu'il appartient d'apprécier, dans chaque espèce, si les faits allégués sont assez

graves pour que la possession doive être consi-
dérée comme n'étant pas paisible. Pour cela il
n'est pas toujours nécessaire qu'il y ait eu rixe
engagée ou expulsion du possesseur par voies
de fait : la simple contrainte morale peut suffire.
Si par exemple il était prouvé par le précédent
possesseur qu'on l'a menacé d'attenter à sa vie s'il
n'abandonnait pas la possession de tel héritage,
d'où il n'est sorti que sous l'empire de cette contrainte, la possession du nouveau possesseur ne
devrait pas être regardée comme paisible. Il est
d'ailleurs à peu près indispensable de l'admettre
pour trouver une application suffisante à l'article
2233 § 2, suivant lequel la possession utile commence du jour où la violence a pris fin. En effet,
dans l'état de nos mœurs, il n'est guères possible
de supposer que la violence matérielle ait quelque durée : il n'y a que la contrainte morale qui
puisse éloigner le propriétaire de sa chose pendant un certain temps, et qui rende utile de savoir à partir de quelle époque le vice de la possession a cessé.

Ce n'est pas au possesseur à prouver que sa
possession a été paisible; c'est à celui qui pré-

tend que la possession a été violente ou violentée à prouver cette assertion.

En droit romain, le vice résultant de la violence était perpétuel et suivait la chose, même entre les mains d'un possesseur parfaitement paisible et de bonne foi; il ne pouvait être purgé que par le retour de la chose aux mains du propriétaire ou par un arrangement fait avec lui. Notre Code civil rejette cette rigueur, et déclare, dans le second alinéa de l'article 2233, que la possession devient utile pour la prescription dès que la violence cesse d'exister. A partir de ce moment, en effet, l'ayant droit a la possibilité de réclamer contre l'usurpation commise à son préjudice, tout aussi bien que s'il n'avait jamais subi de violence.

Le vice de violence exercée ou subie par le possesseur, et qui rend sa possession non paisible, est purement relatif. Il est vrai qu'en matière de contrats, d'après l'article 1111 du Code, la violence constitue un vice absolu et opposable par tout intéressé. Mais l'article 1111 ne régit que la matière des contrats; et vis-à-vis de tous ceux contre lesquels le possesseur n'a pas exercé de violences, ou qui n'en ont pas exercé contre lui, sa possession a été paisible. Sans doute s'il était établi que Primus, qui pendant la possession de Secundus a exercé une contrainte sur le propriétaire pour l'empêcher de reprendre la possession de son héritage, n'était que le complice de Secundus, la possession de celui-ci ne serait pas efficace pour la prescription; car en réalité c'est Secundus lui-même qui a violenté le propriétaire, en se servant de Primus comme d'un instrument. Mais on ne saurait prétendre que ma possession n'a pas été paisible, par cela seul qu'un tiers, sans aucune participation de ma part, sans même que j'en aie connaissance, a pu violenter en quelque manière le propriétaire. De même, si ma possession a été violente à l'égard de Primus, lui seul pourra s'en prévaloir; Secundus, Tertius, et tous autres intéressés ne le pourront point; car la violence exercée à l'égard de Primus ne les a pas mis dans l'impossibilité physique ou morale de faire valoir leur droit.

SECTION II.

DE LA POSSESSION PUBLIQUE.

La possession est publique, lorsqu'elle se manifeste par des faits visibles, par des faits tels qu'ils puissent être connus de ceux qui ont intérêt à les connaître et à les contredire. Il n'est pas nécessaire qu'ils soient connus du public en général, et telle possession pourrait être publique, dont le public n'aurait pas pu avoir connaissance. Si par exemple, j'avais une fenêtre sur une cour fermée appartenant à mon voisin, il ne serait pas fondé à prétendre que ma possession n'est pas publique, sous prétexte qu'elle n'est pas à la connaissance de tout le monde.

Et en effet, si la clandestinité de la possession est un obstacle à la prescription, c'est uniquement parce que les intéressés qui n'ont pas connu cette possession sont excusables de ne l'avoir point empêchée. Lorsque la Coutume de Melun, dans son article 170, définissait ainsi la possession publique : « *Quand aucun a jouy au veu et* « *au sceu de tous ceux qui l'ont voulu veoir et sça-* « *voir,* » ce n'était pas pour exiger une publicité absolue, c'était seulement pour faire entendre que, lorsque la possession a pu être facilement connue de tous, les intéressés ne seraient pas recevables à alléguer leur ignorance.

Plusieurs auteurs citent comme exemple de possession clandestine le cas où un propriétaire creuse une cave ou autre souterrain sous le fonds de son voisin, et le possède pendant le temps voulu pour prescrire. Pothier pensait qu'une pareille possession ne pouvait jamais donner lieu, ni à la prescription, ni aux actions possessoires (*De la prescription*, n° 37). Il est vrai que souvent la possession d'un souterrain sera clandestine; mais elle peut tout aussi bien être publique : si son existence est révélée au dehors par des portes, des soupiraux, ou autres signes facilement visibles, il ne peut être question de clandestinité. Le Code lui même nous fournit la preuve que la possession d'un souterrain peut être publique, et que l'on peut en acquérir la propriété par prescription. On lit en effet dans l'article 553 : « Toutes constructions, plantations et ouvrages « sur un terrain ou dans l'intérieur sont présu-

« més faits par le propriétaire à ses frais, et lui
« appartenir, si le contraire n'est prouvé; *sans
« préjudice de la propriété qu'un tiers pourrait avoir
« acquise ou pourrait acquérir par prescription, soit
« d'un souterrain sous le bâtiment d'autrui, soit* de
« toute autre partie du bâtiment. « Si un indice de
l'existence du souterrain a été placé par le possesseur de manière à pouvoir être vu de tel voisin,
et à ne pouvoir pas être vu de tel autre, la possession du souterrain sera publique à l'égard du
premier, et clandestine à l'égard du second.

La possession sera presque toujours clandestine quand il s'agira de travaux dangereux ou in-
salubres, pratiqués près du mur d'autrui, comme
de puits, de fosses d'aisances, d'amas de matières corrosives, pour lesquels on n'aura pas
exécuté les mesures de précaution prescrites par
l'article 674 du Code civil. Car le voisin ne pouvant pénétrer sur la propriété contiguë à la
sienne pour vérifier si l'on ne s'y permet rien
de contraire à ses droits, il lui est facile d'en
ignorer la violation.

Un arrêt assez singulier de la Cour de Paris,
du 28 février 1821, déclare possession clandes-

tine celle qui résulte d'empiétements successifs commis en labourant, et en conséquence, refuse d'admettre qu'il puisse y avoir lieu dans ce cas à la prescription.

Comment peut-on réputer clandestine une possession qui s'est produite au grand jour, et qu'importe que l'usurpation du champ voisin ne se soit pas opérée tout d'un coup, mais sillon par sillon? Irait-on jusqu'à prétendre que l'usurpateur serait dans l'impossibilité de prescrire, même quand il aurait envahi peu à peu tout le champ du voisin; ou bien fixerait-on une limite au delà de laquelle il commencerait à prescrire? Au surplus, tout le monde sait qu'il ne faut pas une grande vigilance pour reconnaître les empiétements du voisin; un arbre, un buisson, un alignement, servent de point de repère au cultivateur, qui s'aperçoit bien vite des moindres anticipations.

Si la possession clandestine à son origine, devient plus tard publique, le vice dont elle était infectée se trouve purgé; et dès ce moment, le possesseur commence à prescrire. Si en effet la possession qui a été violente dans le commencetient devient utile pour la prescription dès que cesse la violence, à plus forte raison doit-il en être de même de celle qui est devenue publique après avoir été clandestine; car le vice de violence est bien plus grave que celui de clandestinité. Le Code civil s'est expliqué sur le point de savoir si le vice résultant de la violence subsistait après la cessation de la violence, parce qu'il a adopté une doctrine contraire à celle suivie en droit romain; mais il n'a jamais été douteux à Rome que la possession qui cesse d'être clandestine ne devînt, à partir de ce moment, efficace pour l'usucapion.

Que faudrait-il décider si, à l'inverse, la possession d'abord publique est devenue clandestine? L'hypothèse est prévue expressément au Digeste par un texte d'Africain (L. 40, § 2, D. *de adquir. possess.*), et la question est résolue en faveur du possesseur : « Is autem qui quum possideret « non clam, se celavit, in ea causa est ut non vi- « deatur clam possidere. Non enim ratio obti- « nendæ possessionis, sed origo nanciscendæ « exquirenda est. »

Dunod et Pothier adoptent cette même décision (Dunod, *Des prescriptions*, p. 32. — Pothier, *De la possession*, n° 28).

Au contraire, M. Troplong la repousse, en se fondant sur ce que si une possession tour à tour publique et clandestine était utile pour la prescription, le but de la loi ne serait pas rempli, en ce sens que le propriétaire pourrait facilement ignorer cette possession, et perdre son droit sans avoir été averti du danger dont il était menacé (*De la prescription*, n° 387).

Il nous semble que cette question ne doit pas être résolue théoriquement, et que les juges pourront admettre ou rejeter la prescription, suivant les circonstances. Nous ne voudrions pas soutenir que, dans tous les cas, parce que la possession aura débuté publiquement, elle continuera à être efficace, quelque soin que le possesseur ait mis à cacher sa jouissance au propriétaire. Si, par exemple, on avait profité de l'absence de celui-ci pour creuser une cave sous son terrain, et qu'ensuite on eût pris la précaution d'en faire disparaître tous les indices avant son retour, la publicité des travaux ne serait pas suffisante pour faire courir contre lui la prescription. Mais si, au contraire, le propriétaire étant sur les lieux, on avait exécuté, pour ainsi dire sous ses yeux, les fouilles et les excavations; si les soupiraux qui avaient été pratiqués d'abord, ne lui avaient pas permis d'ignorer l'entreprise faite sur son héritage, il nous semble que ces signes extérieurs pourraient disparaître sans que pour cela la possession dût nécessairement devenir clandestine. Le but de la loi, en exigeant la publicité de la possession, est de mettre le propriétaire à même de connaître l'atteinte portée à son droit : or, toutes les fois que son droit a été violé d'une manière tellement éclatante dans le principe qu'il n'a pu l'ignorer, toutes les fois qu'il sait que son adversaire est entré en jouissance et y demeure, il est clair que, lors même que cette jouissance cesserait matériellement d'être visible, le but de la loi est complètement rempli.

SECTION III.

DE LA POSSESSION A TITRE DE PROPRIÉTAIRE.

Posséder à titre de propriétaire, c'est posséder avec l'esprit de maîtrise, avec l'intention d'avoir en propre la jouissance que l'on exerce.

On possède à titre de propriétaire, non-seulement lorsqu'on fait des actes qui sont l'expression du droit de propriété plein et entier, mais aussi lorsque l'on exerce sur la chose d'autrui des actes de jouissance qui tendent à n'en détacher qu'un démembrement. Ainsi l'usufruitier est propriétaire de son usufruit, et il en jouit à titre de propriétaire. De même, l'usager possède à titre de propriétaire son droit d'usage, le maître d'une servitude, la servitude à laquelle il a droit, le superficiaire, son droit de superficie, etc.

On oppose à la possession à titre de propriétaire trois autres sortes de jouissances :

1° La jouissance de simple tolérance;

2° La jouissance de pure faculté;

3° La jouissance à titre précaire.

Nous allons étudier séparément chacune d'elles.

§ 1. *De la jouissance de simple tolérance.*

Dunod appelle actes de simple tolérance ceux que l'on fait sous le bon plaisir et vouloir d'un autre qui demeure maître de les faire cesser quand il le trouve à propos; ce sont, en d'autres termes, ceux qu'il a le droit d'empêcher, mais qu'il laisse faire par familiarité et à titre de bon voisinage, à raison du peu de préjudice qu'il en éprouve.

L'accomplissement de ces actes ne peut point fonder pour celui qui les fait une prescription à l'effet d'acquérir le droit de les faire à l'avenir. C'est cette règle, établie dans l'article 2232, qui explique la disposition de l'article 691, portant que les servitudes discontinues ne peuvent être acquises par prescription. Si en effet les servitudes continues, comme les vues, les conduites d'eau, peuvent être acquises par prescription, c'est parce que leur exercice est trop gênant pour avoir été vraisemblablement souffert à un autre titre qu'à titre de droit.

Les servitudes discontinues, au contraire, telles que celles de passage, de puisage, etc., ne causent à celui qui les subit qu'un préjudice presque imperceptible; et dès lors, entre propriétaires voisins, une longue série d'actes correspondants à l'exercice de ces servitudes n'est pas regardée comme une possession véritable, mais comme un usage précaire toléré à titre de familiarité et de bon voisinage, et qui ne produit jamais aucune prescription. Pothier donnait cette raison pour toutes les servitudes (*Comm. de la Cout. d'Orléans, sur l'art. 225*), parce qu'il écrivait sous l'empire de la règle : *point de servitude sans titre;* mais elle s'applique bien plus naturellement aux servitudes discontinues.

Suivant certaines personnes, les servitudes discontinues ne sont point prescriptibles parcequ'elles ne sont point susceptibles d'une possession continue; attendu, disent-elles, qu'elles ne s'exercent qu'à des intervalles plus ou moins éloignés. Si cela était vrai, les actes de maître les plus caractérisés que l'on se permettrait sur un fonds n'en pourraient faire acquérir la propriété par prescription, car ils ne s'exercent aussi que par intervalles, et souvent ils sont moins répétés que ceux par lesquels on jouit d'une servitude de passage ou de puisage. Cette erreur n'est fondée que sur une équivoque. La loi, dans l'article 2229, exigeant une possession continue pour fonder la prescription, on en a conclu que les servitudes *discontinues* étaient imprescriptibles parcequ'elles n'étaient pas susceptibles d'une *possession continue*. Nous verrons que les mots: *possession continue*, dans l'article 2229, signifient seulement que la possession ne doit pas avoir été abandonnée et reprise, et que les intervalles qui existent entre les divers actes dont l'ensemble constitue une jouissance régulière et normale d'une chose d'après sa nature, ne doivent pas être considérés comme autant d'abandons tacites de la possession, qui l'empêcheraient d'être continue.

Quelques auteurs sont d'avis que les servitudes discontinues deviendraient susceptibles d'être acquises par prescription, du moment où celui qui prétend les exercer opposerait contradiction au droit du propriétaire voisin; par exemple, si celui-ci ayant manifesté l'intention de se clore, l'autre l'avait sommé de s'en abstenir, en alléguant l'existence au profit de son fonds d'une servitude de passage, la prescription acquisitive de cette servitude commencerait à courir du jour de la sommation. Telle est l'opinion de M. Proudhon, qui s'exprime ainsi dans son *Traité de l'usufruit:* « La familiarité et la tolérance se « présument toujours lorsqu'il s'agit de quelques

« passages que les propriétaires de fonds sont
« dans l'usage de s'accorder mutuellement par
« esprit de bon voisinage, et c'est là ce qui a fait
« poser en principe que les servitudes disconti-
« nues seraient imprescriptibles, tant qu'il n'y
« aurait pas eu de contradiction formée au
« droit du propriétaire. » Puis il ajoute : « Tou-
« tes les servitudes discontinues sont elles-
« mêmes prescriptibles *a die contradictionis,*
« comme l'enseignent les auteurs. » Ce qui dé-
terminait M. Proudhon à admettre cette doctrine, c'est qu'après la contradiction opérée,
il n'y a plus possibilité de supposer encore la
familiarité et la tolérance : le propriétaire voisin
est averti qu'on entend réclamer sur lui un droit
véritable : un long silence de sa part doit être in-
terprété comme un aveu tacite de l'existence de la
servitude. Cette opinion tire une certaine force
de l'article 2238, suivant lequel la contradiction
opposée au droit du propriétaire permet au détenteur précaire de commencer une possession
utile pour prescrire.

M. Troplong adopte ce système dans son *Traité
de la prescription,* (nᵒˢ 392 et 393) : « Les actes de

« passage sur le fonds d'autrui, » dit-il, « les actes
« de puisage et autres semblables ne fondent pas
« une véritable possession, une possession de
« nature à être défendue par les actions posses-
« soires; mais si l'on en jouit après contradic-
« tion, alors commence un errement nouveau.
« On ne peut plus présumer la tolérance de la
« part du propriétaire qui a résisté, et une pos-
« session suffisante pour prescrire sort de ce
« choc. »

Quelque logique que soit cette doctrine, il ne
nous paraît pas possible de l'admettre. Car d'une
part, l'article 2238, duquel on tire argument,
n'est relatif qu'à la jouissance à titre précaire, de
laquelle le Code distingue fort bien la jouissance
de simple tolérance, en traitant de l'une et de
l'autre dans des articles différents. D'autre part,
cette doctrine est condamnée par des textes formels, les articles 690 et 691 du Code. L'article
690 est ainsi conçu : « Les servitudes continues et
« apparentes s'acquièrent *par titre ou par la posses-*
« *sion de trente ans.* » Et l'article 691 ajoute im-
« médiatement : « Les servitudes discontinues,
« apparentes ou non apparentes *ne peuvent s'éta-*

« blir que par *titres. La possession même immémo-*
« *riale ne suffit pas pour les établir.* » De la com-
binaison de ces deux articles, il résulte que
tandis que pour les servitudes continues et
apparentes, il existe deux modes d'établissement,
le titre, et la prescription, pour les servitudes
discontinues, au contraire, il n'en existe qu'un
seul, le titre, et que, *dans aucun cas*, pas même
dans celui d'une possession immémoriale, la
prescription ne saurait être un moyen de les acquérir ; par conséquent, pas plus dans le cas de
contradiction au droit du propriétaire, que dans
tout autre.

Ces mêmes articles 690 et 691 nous servent à
repousser la doctrine suivant laquelle les servitudes discontinues seraient susceptibles d'être
acquises par prescription, lorsqu'on les possède
en vertu d'un titre émané *a non domino*. Quand la
loi dit, dans l'article 691, que « les servitudes
« discontinues apparentes ou non apparentes,
« ne peuvent s'établir que par titres », elle entend bien parler d'un titre qui, par lui-même, et
par lui seul, établisse la servitude, en d'autres
termes, d'un titre émané du véritable proprié-

taire. Car, d'abord dans l'article 690, puis dans l'article 691, la loi oppose deux fois l'un à l'autre comme moyens d'acquisition des servitudes, le titre et la possession, et elle décide que la possession ne suffit point pour l'établissement des servitudes discontinues. Or, ce n'est que faute d'avoir un titre valable, que celui qui exerce une servitude de cette nature aurait intérêt à invoquer sa possession. Le titre conféré *a non domino* n'a donc aucune efficacité pour l'établissement des servitudes discontinues.

§ 2. *De la jouissance de pure faculté.*

Celui qui profite indirectement de ce qu'une autre personne s'abstient de faire des actes qu'elle peut à son gré faire ou ne pas faire, ne peut point prescrire contre elle à l'effet d'acquérir le droit de l'empêcher de faire ces actes à l'avenir.

C'est ainsi qu'on traduit cette règle obscure de l'article 2232 : « *Les actes de pure faculté ne peu-* « *vent fonder ni possession ni prescription.* »

Si cette règle avait toute la portée qu'elle paraît avoir, elle serait la négation complète de toute prescription, et par suite, une proposition inconciliable avec les autres articles de la matière, car tous les droits, sans exception, consistent dans la *faculté* de faire certains actes. Une créance est la *faculté* d'exiger du débiteur ce qu'il nous doit; faut-il en conclure que le créancier qui est resté trente ans dans l'inaction depuis l'exigibilité de la dette a conservé le droit d'agir contre le débiteur, et de le faire payer? Cette conclusion serait la négation de la prescription libératoire consacrée par les articles 2219 et 2262.

L'usufruit et l'usage consistent dans la *faculté* de percevoir les fruits d'une chose dont la propriété est à autrui; les servitudes réelles, telles qu'un droit de passage ou d'aqueduc, consistent dans la *faculté* de se servir du fonds servant pour l'avantage et l'utilité du fonds dominant; si l'usufruitier, l'usager ou le maître du fonds dominant restent trente ans sans exercer leur droit, l'auront-ils néanmoins conservé? Ce serait l'abrogation des articles 617, 625 et 706, aux termes desquels ces droits s'éteignent par le non-usage pendant trente ans. La propriété consiste dans la *faculté* de retirer d'une chose toute l'utilité qu'elle peut donner, et par suite, d'empêcher les actes que les tiers feraient sur elle : le propriétaire qui aurait laissé posséder sa chose pendant trente ans par un tiers peut-il soutenir que la prescription n'a pas couru contre lui? S'il en était ainsi la prescription ne serait jamais possible, et les articles 712, 2219, 2265, qui admettent l'acquisition de la propriété par prescription, ne recevraient jamais leur application.

Il faut donc reconnaître que la règle de l'article 2232 ne s'applique ni au créancier qui depuis l'exigibilité de la dette est resté trente ans sans agir, ni à l'usufruitier, ni à l'usager, ni au propriétaire d'un fonds dominant qui, pendant le même laps de temps, ont négligé d'user de leur droit, ni enfin au propriétaire qui laisse posséder sa chose par un tiers.

Dans quel cas s'applique-t-elle donc? Pour répondre à cette question d'une manière exacte, il faudrait déterminer quels sont les actes que la loi désigne dans l'article 2232 sous la dénomination d'actes de pure faculté ; il faudrait indiquer à quels caractères on peut reconnaître les *facultés* prescriptibles de celles qui ne le sont pas.

Il est difficile de donner une formule; peut-être cependant peut-on dire : Les facultés prescriptibles sont celles qui consistent dans le droit d'exercer une action contre un tiers, ou de faire des actes de jouissance sur la chose d'autrui. Cette formule est même incomplète, car elle ne s'adapte point à la faculté d'accepter ou de répudier une succession, faculté qui est cependant prescriptible (art. 789).

Les actes de pure faculté auxquels la prescription ne s'applique point sont certains actes que l'on peut faire, soit sur sa propre chose, soit sur une chose dont la jouissance est publique ou communale, soit en vertu du droit naturel: On ne perd pas la faculté de faire ces actes, quelque longtemps qu'on soit resté sans les faire, et réciproquement, on n'acquiert pas le droit de les faire , à l'exclusion de toute autre personne, quoiqu'on les ait faits seul pendant longtemps.

Quelques espèces expliqueront ce que nous venons de dire.

Tout propriétaire peut construire ou ne pas construire sur son terrain ; mais en ne construisant pas, il use d'une *pure faculté,* et s'il demeure

7

trente ans sans bâtir, ses voisins ne pourront prétendre qu'ils ont acquis par prescription le droit de l'en empêcher. En effet, acquérir un droit par la prescription, c'est l'acquérir en conséquence de la possession qu'on en a eue; posséder un droit sur la chose d'autrui, c'est envahir cette chose, c'est empiéter sur le droit de celui auquel elle appartient: or, dans l'espèce, si mon voisin a profité de ce que je n'ai pas construit, cela ne fait pas qu'il ait rien possédé de mon droit : ma faculté est donc restée intacte, quelque longtemps que je sois resté sans l'exercer.

De même, le propriétaire d'un mur non mitoyen joignant immédiatement l'héritage du voisin a la faculté de pratiquer dans ce mur des jours à fer maillé et à verre dormant (art. 676). Si pendant trente ans il néglige de le faire, son voisin ne pourra l'empêcher d'exercer ce droit, par la raison que n'ayant rien possédé, il n'a rien pu acquérir par prescription.

En ce qui concerne les rapports de voisinage, la règle que les actes de pure faculté ne peuvent fonder ni possession ni prescription, signifie donc que l'inaction du propriétaire qui néglige pendant de longues années de faire sur sa chose les actes qu'il a le droit d'y faire, ne fonde point pour le propriétaire voisin qui en a profité, la prescription à l'effet d'acquérir le droit de s'opposer à ces actes dans l'avenir, ce qui revient à dire que les servitudes non apparentes ne sont point susceptibles d'être acquises par prescription. Cela était d'ailleurs formellement exprimé par l'article 691.

Une personne est restée pendant trente ans sans passer par tel chemin public, sans puiser de l'eau à telle fontaine communale. Elle n'en a pas moins conservé la faculté de passer par ce chemin, et de puiser de l'eau à cette fontaine ; ses voisins qui ont joui seuls du chemin ou de la fontaine n'ont point acquis le droit de l'empêcher à l'avenir d'exercer la faculté qu'elle a laissée inactive : personne ne l'a possédée, cette faculté, chacun n'ayant joui que de son propre droit ; personne par conséquent n'a pu la prescrire.

Enfin, les facultés naturelles de l'homme qui consistent dans la liberté de disposer de ses biens et de ses actions, telles que la faculté de se ltarier, de contracter, de tester, de changer de domicile, etc., restent pleines et entières, quoi-qu'on soit demeuré trente ans et plus sans les exercer. En effet, la liberté de l'homme et les diverses facultés par lesquelles elle s'exerce se trouvent au premier rang des choses qui sont hors du commerce, et par suite, insusceptibles de prescription (art. 2226).

§ 3. *De la jouissance à titre précaire.*

À Rome, la jouissance à titre de précaire était celle résultant d'une concession gratuite et toujours révocable que sur sa prière (*precibus*) une personne avait obtenue du propriétaire. Chez nous on entend par possession précaire celle qui est exercée au nom d'autrui, et non pas à titre de maître; telle est celle des dépositai-res, commodataires, locataires et fermiers.

Il ne suffit point, pour être détenteur précaire, d'être obligé de livrer une chose à quelqu'un; il faut en outre que cette obligation résulte du titre même auquel on détient. Ainsi le voleur est certainement obligé de restituer la chose volée, et cependant il n'est pas détenteur précaire, il détient sans titre et peut prescrire par trente ans. (art. 2262). De même le vendeur qui continue à posséder après la vente, sans que cela ait été expressément convenu, n'est pas un détenteur précaire, car il ne détient pas à titre de vendeur, il détient sans titre. Loin d'être la cause de sa possession, la vente expliquerait plutôt qu'il cessât de posséder en remettant la possession à son acheteur. Celui qui aurait conservé la possession d'un immeuble après avoir été condamné par jugement à s'en dessaisir, serait dans une situation semblable.

Au contraire, les mandataires, les créanciers gagistes, les syndics, les tuteurs, les maris par rapport aux biens de leurs femmes, sont des détenteurs précaires : leur obligation de restituer dérive du titre même de leur possession, lequel ne leur confère la jouissance ou l'administration d'une chose qu'à la charge de la conserver dans l'intérêt d'autrui.

Certains possesseurs sont tout à la fois détenteurs précaires sous un rapport, et possesseurs *animo domini* sous un autre. Ainsi l'usufruitier et l'usager sont détenteurs précaires relativement à la propriété qui appartient à autrui, en même temps qu'ils possèdent à titre de propriétaire leur droit d'usufruit ou d'usage; et celui qui, sans être usufruitier ou usager, aurait pendant longtemps possédé à l'un de ces titres, deviendrait usufruitier ou usager par l'effet de la prescription.

Le doute peut exister sur le point de savoir si le détenteur a possédé précairement ou *animo domini*. La loi pose à cet égard deux présomptions dans les articles 2230 et 2231. La première est celle-ci : Tout détenteur est présumé posséder à titre de propriétaire. Mais cette présomption tombe, non seulement devant la preuve contraire, mais aussi devant cette autre présomption : Celui qui a commencé à détenir pour autrui est présumé avoir continué à posséder au même titre, tant qu'il ne prouve pas avoir transformé sa possession d'abord précaire en possession *animo domini*.

Le vice de précarité est un vice absolu : le fermier, par exemple, ne peut prescrire ni contre son bailleur, ni contre qui que ce soit. En effet, la possession que nous appelons précaire n'existe véritablement pas : l'un des deux éléments indispensables de la possession, l'*animus domini*, manque chez le détenteur précaire.

L'impossibilité de prescrire qui résulte de la précarité se rapporte uniquement à la prescription acquisitive, qui suppose une véritable possession, et nullement à .a prescription libératoire, à laquelle l'idée de possession est étrangère. Ainsi les fermiers ne peuvent pas acquérir par prescription la propriété du fonds qu'ils détiennent; mais rien ne met obstacle à ce qu'ils se libèrent par prescription des obligations dont ils sont tenus en qualité de fermiers, par exemple, de l'obligation de payer les fermages échus, ou de réparer les dommages causés par leur négligence.

Le vice de précarité est non-seulement absolu, il est de plus perpétuel, en ce sens qu'il continue à subsister alors même que la qualité qui l'avait produit vient à cesser. Telle est la disposition de l'article 2237 : « Les héritiers des dé- « tenteurs précaires ne peuvent non plus pres- « crire. » Ainsi l'héritier de l'usufruitier n'est pas usufruitier, et néanmoins il ne peut acquérir par

prescription la chose usufructuaire. S'il ne prescrit pas, ce n'est pas parce qu'il a succédé à l'o-
bligation de son auteur de restituer la chose,
puisque l'on peut prescrire lors même qu'on
est tenu de délivrer la chose; mais c'est parce
que d'après l'article 2235 la possession de l'héritier ne peut être légalement différente de celle
de son auteur. Il en est de même pour les héritiers du fermier; ils peuvent s'affranchir par la
prescription libératoire des obligations, dont
était tenu leur auteur, mais la revendication de
l'immeuble est toujours possible contre eux.
Aussi est-il vrai de dire avec une vieille maxime : *Melius est non habere titulum quam habere vi-
tiosum*. La possession précaire à son origine aurait beau être transmise d'héritier en héritier,
elle resterait à jamais viciée, et pas plus après
des siècles qu'après quelques années, *neque per
mille annos*, disait Dumoulin, elle ne procurerait
la propriété; à moins pourtant qu'il ne se pro-
duisit un des deux cas d'interversion indiqués
par l'article 2238 du Code civil.

Aux termes de cet article, les détenteurs précaires cessent d'être dans l'impossibilité de pres-

crire, « si le titre de leur possession se trouve
« interverti, soit par une cause venant d'un tiers,
« soit par la contradiction qu'ils ont opposée aux
« droits du propriétaire. » Ce n'est donc point
toute interversion, mais seulement l'interversion
fondée sur l'une des deux causes indiquées par
la loi, qui change la possession précaire en possession utile pour la prescription. Ainsi il ne
suffirait pas à un fermier, pour cesser d'être
détenteur précaire, de faire des actes de propriétaire, de construire ou de démolir des bâtiments, etc.; car d'après l'article 2240 on ne peut
se changer à soi-même la cause de sa possession.
Il en serait de même pour ses héritiers, *in infi-*
nitum : on pourrait leur répondre comme à lui :
« *Titulus tuus clamat contra te.* » Il importe donc
de préciser quels sont les faits que désigne l'article 2238.

Il y a contradiction opposée au droit du propriétaire lorsque le détenteur précaire résiste
ouvertement, soit par voie judiciaire, soit par
voie extrajudiciaire, à l'exercice du droit de celui pour lequel il possédait, en niant positive-
ment ce droit. Par voie judiciaire : tel est le cas

où un fermier assigné en paiement de ses fermages s'y refuse, en alléguant que l'immeuble lui appartient. De même, si un créancier antichrésiste, après avoir été payé, refusait de restituer l'immeuble en niant le fait de l'antichrèse. Par voie extrajudiciaire : soit que le détenteur précaire notifie sa prétention, comme lorsque le fermier notifie par acte d'huissier à son bailleur qu'il ne paiera plus désormais de fermages, attendu qu'il a découvert que l'immeuble affermé appartenait à Pierre, dont il est l'héritier; soit même que le détenteur use de voies de fait, comme si l'usufruitier, après la cessation de son usufruit, refuse de quitter les lieux, et s'oppose par la force aux actes de jouissance que le propriétaire veut faire. Peu importe, dans ces divers cas, que le détenteur soit ou non de bonne foi, qu'il présente ou non des titres à l'appui de sa prétention : car c'est au propriétaire, qui en est averti, à prendre ses mesures en conséquence.

Il y a interversion fondée sur une cause venant d'un tiers, lorsque celui au nom duquel le bien était précairement détenu, ou toute autre personne se prétendant propriétaire de ce bien, le vend au détenteur, ou le lui donne, le lui lègue, lui laisse par succession légitime, en un mot, le lui transmet par un titre translatif de propriété, et qu'à partir de l'obtention de ce titre, le détenteur se met à posséder publiquement, *animo domini*, et avec toutes les conditions requises pour prescrire.

La loi n'exige rien de plus : c'est donc tomber dans l'arbitraire, et oublier que l'article 2238 consacre *deux cas distincts* d'interversion, que d'exiger, comme certains auteurs, une significa-tion du nouveau titre à celui pour le compte duquel le détenteur possédait précédemment. Si cette doctrine était admise, l'interversion résul-terait toujours de la *contradiction opposée au droit du propriétaire*, et jamais uniquement *d'une cause venant d'un tiers*. Or, l'article 2238, au lieu de de-mander cumulativement l'une et l'autre des deux circonstances, ne demande que l'une ou l'autre alternativement.

Il y a d'autant moins lieu de croire à la nécessité d'une notification, que dans leurs observations sur le projet de Code civil, plusieurs tribunaux d'appel signalèrent le danger qui résulterait, d'une interversion frauduleuse, réclamant quelque disposition plus expresse, qui ne réputât l'interversion opérée que du jour où elle aurait été portée à la connaissance du propriétaire. On ne fit pas droit à ces critiques, d'où il résulte clairement que dans la pensée des rédacteurs du Code, les deux causes d'interversion indiquées par l'article 2238 sont complétement distinctes et indépendantes, et que, de même que la contradiction au droit du propriétaire opère interversion indépendamment de toute cause venant d'un tiers, de même aussi la cause venant d'un tiers emporte interversion sans qu'il soit besoin d'aucune contradiction.

On objecte que, sans notification, le propriétaire ne pourrait pas connaître l'interversion opérée par une cause venant d'un tiers, et que le détenteur aurait tenue soigneusement cachée. Mais on semble oublier que pour conduire à la prescription, la possession doit non-seulement ne pas être précaire, mais encore être publique et non équivoque, c'est-à-dire, que les actes par lesquels elle s'exerce doivent être patents et coractérisés, tels enfin qu'on ne puisse douter à quel titre ils sont faits.

Si, par exemple, le fermier de Pierre, après avoir acheté de Paul l'immeuble affermé, continuait à payer ses fermages à Pierre, sa possession serait inutile pour la prescription. Si au contraire, depuis qu'il a acheté, il a non-seulement cessé de payer ses fermages, mais il s'est comporté comme le maître de la chose, s'il a changé la nature des héritages, détruit des constructions, élevé des bâtiments, abattu des forêts, aliéné une partie de l'immeuble, il a fait connaître suffisamment par là qu'il ne détient plus comme fermier, et c'est à partir de ces actes publics de possession que la prescription commence à courir.

On s'est demandé si l'interversion a lieu lorsque le titre nouveau a été conféré au détenteur précaire par une personne qu'il savait bien n'être pas propriétaire. L'affirmative doit-être admise. En effet, l'article 2238 n'exige pas la bonne foi du détenteur, et dans notre législation la mauvaise foi n'empêche pas en général de prescrire; elle nécessite seulement une plus longue durée dans la possession. Sans doute si l'acte, au lieu d'être sérieux, et d'être consenti par une personne qui passe pour être le propriétaire, n'est qu'une simulation, s'il est passé avec un compère, pour un prix fictif, il n'y aurait pas d'interversion; mais ce ne serait pas parce que le titre aurait été reçu de mauvaise foi, ce serait parce qu'il n'y aurait pas eu véritablement collation d'un nouveau titre par un tiers; il serait vrai de dire alors que c'est le détenteur lui-même qui, avec le concours d'un compère, se serait donné le prétendu titre à lui-même, pour changer la cause de sa possession, ce que l'article 2240 ne permet pas.

SECTION VI
DE LA POSSESSION CONTINUE.

Par possession continue, la loi entend celle qui n'a pas été délaissée et reprise. Celui qui abdique sa possession, soit par une renonciation expresse soit par l'abandon tacite qui résulte de la cessation prolongée de tout acte de maître, en perd définitivement le bénéfice, en sorte que, s'il venait plus tard à ressaisir la chose, il existerait une lacune entre ses deux possessions qui ne lui permettrait point d'invoquer l'ancienne.

Il n'est pas nécessaire, pour que la possession soit continue, que le possesseur accomplisse sans cesse des actes de jouissance : il suffit qu'il y ait de sa part des actes assez rapprochés les uns des autres pour imiter la possession du propriétaire : en un mot, il faut une jouissance régulière et normale de la chose, suivant sa nature. Par exemple, s'il s'agit d'un bois taillis qui se coupe tous les six ans, l'on peut avoir une possession continue de trente années, au moyen de cinq coupes effectuées de six en six ans.

Selon certains auteurs, la possession continue est une possession qui ne s'exerce pas par intervalles, et ils considèrent cette expression comme se référant aux articles 688 et 691 du Code, qui déclarent les servitudes discontinues insusceptibles d'être acquises par prescription. Cette interprétation ne nous paraît pas admissible, car elle conduit à dire que celui qui pendant de longues années aurait labouré un fonds, l'aurait ensemencé et récolté, n'aurait pas le droit d'invoquer la prescription, ni même celui d'exercer les actions possessoires en cas de trouble, parceque sa possession ne s'est exercée que par intervalles. En effet, lorsque l'article 2220 exige la continuité de la possession, il l'exige d'une manière générale, et non pas spécialement pour la possession des servitudes.

Et même relativement aux servitudes, cette interprétation serait fausse, car il en résulterait cette conséquence inacceptable, que celui qui possède une servitude discontinue en vertu d'un titre ne pourrait, s'il était troublé dans sa jouissance, former la complainte possessoire, puisque ses actes de possession présentent nécessairement des intervalles que le titre ne fait pas disparaître.

La véritable raison pour laquelle les servitudes discontinues ne peuvent être établies par prescription, c'est, comme nous l'avons dit, qu'une série d'actes correspondants à l'exercice de ces servitudes, n'est pas regardée, entre voisins, comme une possession, mais comme un usage précaire et de simple tolérance, insusceptible de conduire à la prescription.

SECTION V.
LA POSSESSION DOIT ÊTRE NON-INTERROMPUE.

Une autre qualité essentielle de la possession

est d'être non interrompue. Cette qualité paraît au premier abord se confondre avec la précédente ; car si la possesion a été continue, il semble que nécessairement elle aura été non interrompue. Les deux qualités sont, au contraire, parfaitement distinctes.

L'interruption de la possession vient du fait d'un tiers, tandis que la discontinuation vient du fait du possesseur lui-même ; mais dans l'un et l'autre cas l'effet est le même, en ce sens que la possession antérieure est perdue pour la prescription.

L'interruption est civile ou naturelle. Il y a interruption naturelle lorsque le possesseur est privé pendant plus d'un an, de la jouissance de la chose, soit par le propriétaire, soit par un tiers (art. 2243).

La possession est interrompue civilement :

1° Par la reconnaissance que le possesseur fait du droit de celui contre lequel il prescrit (article 2248).

2° Par des poursuites judiciaires exercées contre le possesseur par le propriétaire (art. 2244 à 2247).

La possession peut être discontinue sans avoir jamais été interrompue : il est clair que si j'ai joui d'une vigne en 1856, 1857 et 1859, et que j'aie négligé de la récolter en 1858, ma possession de ces quatre années n'a pas été continue, sans qu'il y ait en cependant aucun fait d'interruption. Réciproquement, la possession peut avoir été interrompue, et n'être pas pour cela discontinue. Si, par exemple, j'ai constamment habité telle maison, et que le propriétaire m'interpelle par acte judiciaire, ou bien si entre deux actes très rapprochés de possession d'une terre, j'ai reconnu le droit de celui contre lequel je prescris, ma possession aura été interrompue, et pourtant il n'y aura pas eu discontinuité.

Ce n'est pas au possesseur de prouver que pendant tout le temps qu'elle a duré, sa possession a été continue, et qu'elle n'a pas été interrompue ; du moment que, possédant actuellement, il prouve avoir possédé anciennement, il est présumé avoir possédé durant tout le temps intermédiaire (art. 2234) : *probatis extremis, præsumuntur media.* La loi établit cette présomption, tout en admettant la preuve contraire, parceque si le possesseur eût été obligé de prouver que pendant un certain nombre d'années, il n'a pas cessé de faire des actes de jouissance sur telle chose, et qu'à aucun moment de sa possession ne s'est produit un fait d'interruption, cette preuve eût été pour lui d'une difficulté à peu près insurmontable.

SECTION VI.

DE LA POSSESSION NON ÉQUIVOQUE.

La possession est équivoque lorsqu'elle est incertaine, douteuse, soit en elle-même, soit dans l'un ou l'autre des caractères qu'elle doit avoir pour conduire à la prescription. La possession peut donc être équivoque de bien des manières.

Elle peut l'être, d'abord quant à son existence même. Si le possesseur, pour établir soit le commencement de sa possession, soit sa possession actuelle, n'argumente que de faits rares et peu significatifs, le fait de la possession est douteux et incertain, et dès lors, s'il y a possession, c'est du moins une possession équivoque.

Elle peut l'être quant à la publicité, soit parceque les actes qui la constituent, sans être complétement clandestins, ne sont pas assez franchement publics, soit parce qu'ils ont été, par intervalles, tantôt publics et tantôt clandestins.

Elle peut l'être quant à la continuité. Il est vrai que certains jurisconsultes prétendent que l'équivoque est impossible tant pour la continuité que pour l'interruption, parce que ces deux qualités étant présumées par la loi jusqu'à preuve contraire, il arrivera, disent-ils, de deux choses l'une : ou cette preuve contraire sera faite, et il sera certain que la possession a été discontinue ou interrompue, ou cette preuve ne sera pas faite, et il restera certain que la possession a été continue et non interrompue. Ce raisonnement est exact quant à l'interruption, et sur ce point l'équivoque est impossible, parce que l'interruption est un fait précis qui existe complétement ou n'existe pas du tout. Mais il en est autrement quant à la continuité, car cette qualité est, comme la publicité, susceptible de plus et de moins, et dès lors, il peut souvent être délicat et douteux de dire si la possession a été continue ou discontinue ; or, c'est précisément cette incertitude qui rend la possession équivoque.

La possession peut encore être équivoque quant au point de savoir si elle a été paisible, puisque là encore, comme pour la publicité et pour la continuité, il y a place au plus ou moins, à ces degrés qui rendent également impossible, et d'affirmer absolument que la possession a été violente ou troublée, et d'affirmer absolument qu'elle a été paisible.

Enfin, la possession peut être équivoque quant à l'*animus domini*. S'il n'est pas suffisamment prouvé que le possesseur a possédé pour lui et non pour un autre, que sa possession est exempte de précarité, sa possession est équivoque, et il ne peut invoquer le bénéfice de la prescription.

Sans doute, d'après l'article 2230, le possesseur est présumé, jusqu'à preuve contraire, avoir possédé pour soi et à titre de propriétaire; mais si cette présomption vient à être affaiblie par la preuve contraire, la possession est équivoque.

Il ne suffit pas, en effet, d'avoir l'*animum domini*; il faut encore que les actes par lesquels

se déclare cette intention, soient tellement caractérisés, que l'on ne puisse se méprendre sur la
prétention que le possesseur élève sur la chose.
La possession d'un copropriétaire, d'un cohé-
ritier, qui aurait cultivé seul un fonds commun
serait facilement regardée comme équivoque,
les autres copropriétaires ayant pu croire qu'il
agissait tant en leur nom qu'au sien propre.

L'avantage que le possesseur tirera de l'article 2230 sera de n'avoir pas à faire la preuve
que sa jouissance a été exercée à titre de propriétaire ; mais si l'adversaire parvient à établir des
faits qui ébranlent cette présomption, il devra
triompher du possesseur, et cela parce que la
possession aura été équivoque. Peu importe
donc l'ordre dans lequel les parties doivent présenter leurs preuves : il se peut toujours que,
toutes preuves fournies par chaque partie, le caractère de la possession demeure douteux, c'est-
à-dire équivoque.

En résumé, le caractère de *non équivoque* exigé
par l'article 2229, au lieu d'être une qualité
nouvelle, n'est que la confirmation et le perfec-
tionnement des autres.

CHAPITRE II.

DE L'ACCESSION DES POSSESSIONS.

La même personne ne possède pas toujours pendant toute la durée du temps requis pour la prescription. Il s'agit de savoir dans quels cas et comment le possesseur peut se prévaloir des possessions antérieures à la sienne. L'article 2235 du Code civil, qui règle ce point, est fort mal rédigé, et il exprime fort inexactement la pensée du législateur. A le prendre à la lettre, on devrait dire qu'il n'y a pas de distinction à faire entre les successeurs universels et les successeurs particuliers : les uns comme les autres *seraient libres* de joindre à leur possession celle de leur auteur. C'est bien là ce qui paraît résulter des termes de l'article 2235 : « Pour « compléter la prescription, *on peut* joindre à sa « possession celle de son auteur, de quelque ma- « nière qu'on lui ait succédé, *soit à titre uni-* « *versel ou particulier*, soit à titre lucratif ou oné- « reux. » Et pourtant cette idée n'est pas admissible : il existe une profonde différence entre les successeurs particuliers et les successeurs universels.

Pour les successeurs particuliers, la règle est celle qui vient d'être indiquée. Le nouveau possesseur peut, à son choix, joindre à sa possesion celle de son auteur, ou l'écarter pour s'en tenir à la sienne propre, parceque dans ce cas il y a deux possessions distinctes.

Pour les successeurs universels, au contraire, leur possession n'est que la continuation de celle de leur auteur : au lieu de deux possessions, il n'y en a qu'une seule, laquelle continue d'être chez le possesseur nouveau ce qu'elle était chez le précédent possesseur; en sorte qu'il ne peut être question de réunir ou de séparer deux possessions. La raison en est que le successeur universel, à la différence du successeur particulier, représente son auteur pour tout l'ensemble de ses droits et obligations, et dès-lors ne peut pas avoir une position différente de la sienne.

Cette profonde différence entre le successeur particulier et le successeur universel est certes loin d'être en harmonie avec le texte de l'art. 2235 et pourtant telle est bien la pensée de notre

Code. En effet, cette théorie était celle du droit romain et de notre ancien droit; si les rédacteurs du Code civil avaient entendu la changer, ils s'en seraient expliqués quelque part, et auraient laissé dans les travaux préparatoires des traces de leur motif d'innovation : mais loin d'en trouver le moindre indice, on trouve partout, au contraire, la preuve de la volonté de maintenir l'ancienne règle.

C'est ainsi qu'on lit dans l'exposé des motifs : « Le successeur *à titre universel* de celui qui te- « nait la chose pour autrui *n'a point un nouveau* « *titre de possession*; il succède aux droits tels qu'ils « se trouvaient; si son auteur possédait pour au- « trui, *il continue donc de posséder pour autrui*, et « conséquemment il ne peut pas prescrire. Mais « le successeur à titre universel et le successeur « à titre particulier *diffèrent en ce que celui-ci ne* « *tient pas son droit du titre primitif de son prédé-* « *cesseur, mais du titre qui lui a été personnel-* « lement consenti; ce dernier titre peut donc « *établir un genre de possession que la personne* « *qui l'a transmise n'avait pas* (Fenet, t. XV, p. 580 « et 581). » Enfin, le Code lui-même consacre cette théorie par l'application qu'il en fait dans les art. 2237 et 2239, d'après lesquels les successeurs universels du détenteur précaire continuent forcément d'être eux-mêmes détenteurs précaires, et ne peuvent pas plus prescrire que lui, tandis que les successeurs à titre particulier du détenteur précaire peuvent fort bien prescrire.

De ce que, dans le cas d'un successeur universel, il n'existe qu'une seule et unique possession, il résulte de nombreuses conséquences, notamment les suivantes :

1° Si l'auteur ne détenait la chose que précairement, son successeur universel, bien qu'il ignore cette circonstance et qu'il entende posséder *animo domini*, même de très bonne foi, ne sera néanmoins comme lui qu'un détenteur précaire et par suite ne pourra jamais prescrire ; l'art. 2237 est formel sur ce point. Ainsi les héritiers d'un fermier ou d'un dépositaire ne peuvent point prescrire, à moins que la cause de leur possession ne soit novée conformément à l'article 2238.

2° Si l'auteur possédait de mauvaise foi, la bonne foi de son successeur universel n'empêchera pas que la prescription trentenaire ne soit la seule que ce dernier puisse invoquer; il lui faudra donc posséder pendant tout le temps nécessaire pour compléter les trente années commencées par son auteur, tandis que dix ou vingt ans lui auraient suffi, s'il eût été successeur particulier, pouvant invoquer séparément sa propre possession.

3° Si l'auteur, au contraire, était de bonne foi, la prescription, malgré la mauvaise foi du successeur universel, continuera de courir pour lui dans les mêmes conditions que pour son auteur, et il lui suffira dès lors de posséder pendant le temps nécessaire pour compléter les dix à vingt années que celui-ci a commencées.

Au contraire, dans le cas d'un successeur à titre particulier, comme il y a deux possessions distinctes que suivant son intérêt il peut réunir ou séparer, il en résulte les conséquences suivantes:

1° Si l'auteur n'avait détenu que précairement, le successeur particulier, acheteur, donataire, légataire, ou autre, ne sera pas détenteur précaire, et pourra prescrire. Sans doute il ne

pourra pas compter pour la prescription la possession de son auteur, mais le vice dont elle est
infectée ne l'empêchera point de prescrire depuis le jour où la sienne aura commencé. C'est
ce que l'art. 2239 exprime ainsi : « Ceux à qui
« les fermiers, dépositaires, et autres détenteurs
« précaires ont transmis la chose par un titre
« translatif de propriété, peuvent la prescrire. »

2° Si l'auteur était de mauvaise foi, le successeur particulier n'en pourra pas moins, étant de
bonne foi, prescrire par dix à vingt ans. Sans
doute, il ne pourra point compter dans ce délai
la possession de son auteur ; mais il aura le choix,
ou de prescrire par trente ans en comptant cette
possession, ou d'en faire abstraction pour prescrire par dix à vingt ans.

3° Si, au contraire, l'auteur était de bonne foi
et le successeur particulier, de mauvaise foi, ce
dernier, qui dans l'hypothèse précédente, était
mieux traité qu'un successeur universel, le serait moins bien ici, car le successeur particulier
ne pourra prescrire que par trente ans, tandis
que le successeur universel prescrirait par dix à
vingt ans ; mais, bien entendu, il pourra se ser-

vir des années de possession de son auteur, pour les ajouter aux siennes afin de compléter la prescription trenteneire.

Suivant M. Troplong, cette dernière conséquence ne devrait pas être admise, et le successeur particulier qui est de mauvaise foi pourrait tirer de la possession de bonne foi de son auteur le même avantage que le successeur universel. La raison qu'en donne cet auteur, c'est qu'aux termes de l'art. 2269, il suffit que la bonne foi ait existé au commencement de la possession. Il reconnaît que sa doctrine était partout rejetée dans l'ancien droit écrit, qui pourtant admettait aussi la règle de l'art. 2269; mais il prétend que sous le Code civil, il n'y a aucune différence à faire entre les successeurs universels et particuliers, et que la survenance de la mauvaise foi ne nuit pas plus aux uns qu'aux autres.

Cette opinion n'est pas fondée. Sans doute il suffit que la bonne foi existe au début de la possession; mais tout ce qui résulte de là, c'est que, *tant qu'il n'y aura qu'une seule possession, il suffira qu'il y ait eu bonne foi au commencement, et* que la mauvaise foi survenue dans le cours de cette possession unique sera sans influence au point de vue de la prescription de dix à vingt ans. Dans notre espèce, au contraire, il y a eu, en droit comme en fait, *plusieurs possessions distinc-* tes, chacune de ces possessions a donc eu son commencement propre, et se trouve ainsi soumise à la nécessité de la bonne foi au début.

D'ailleurs cette doctrine n'est pas plus satisfaisante en équité qu'elle ne l'est en droit. Elle assimile comme ayant les mêmes titres à l'indulgence de la loi, le possesseur unique, qui, après avoir acquis de bonne foi, est devenu de mauvaise foi plus tard, et celui qui acquiert de mauvaise foi d'un possesseur de bonne foi. Les deux positions sont au contraire fort différentes. Celui qui acquiert de bonne foi et ne connaît que plus tard le vice de son contrat est excusable d'avoir continué à posséder au lieu de faire une restitution qui l'eût peut-être ruiné, mais celui chez qui la mauvaise foi existe au moment de l'acquisition est un fripon qui ne mérite aucune indulgence.

C'est un point important que celui de savoir

quel est, dans l'article 2235 du Code, le sens du
du mot *auteur*; puisque, selon que le possesseur
qui m'a précédé est ou non mon auteur, je
pourrai ou je ne pourrai pas bénéficier de sa
possession.

On dit souvent que l'auteur est *celui de qui on
tient la chose, celui qui nous l'a transmise*. Cette
définition est trop restreinte. Ainsi, par exemple,
dans le cas d'expropriation forcée pour cause
d'utilité publique d'un bien que je possédais, on
ne saurait nier que je suis l'auteur de l'adjudicataire, et qu'il a le droit d'invoquer ma possession;
et pourtant on ne peut pas dire qu'il tient la
chose de moi, puisque c'est malgré moi que le
bien est arrivé dans ses mains.

D'un autre côté, ce serait donner une définition
trop large que d'appeler auteur *toute personne à
laquelle on a succédé dans la possession*; car celui
qui possède aujourd'hui, après me l'avoir ravi,
le bien que je possédais précédemment, me succède dans la possession de ce bien, tout autant
que celui à qui je l'aurais vendu ou donné. Or
il est bien clair que je ne suis pas son auteur, et

qu'il ne pourrait pas se servir de ma possession pour prescrire.

Il nous semble que la vraie définition est entre les deux extrêmes, et que l'auteur, dans l'article 2235, est *celui à qui le possesseur a légalement et régulièrement succédé dans la possession*. Du moment que la substitution du possesseur actuel au précédent s'est opérée d'une manière légale et par une cause juridique, du moment que le possesseur actuel est le successeur légitime de l'autre dans la possession, celui-ci est son auteur.

Cette définition si simple rend facile la solution de plusieurs questions controversées.

Ainsi, dans tous les cas d'expropriation, soit sur poursuites de créanciers, soit même pour cause d'utilité publique, comme c'est par une cause licite et juridique que l'adjudicataire succède au précédent possesseur, il a donc celui-ci pour auteur, et peut, s'il en a besoin, user de sa possession.

Pareillement, lorsqu'une vente ou autre aliénation est résolue, soit par l'exercice d'un réméré, soit par une rescision pour lésion, soit pour toute autre cause par suite de laquelle l'a-

liénation se trouve légalement non avenue, l'ex-
aliénateur pourra, s'il en a besoin, invoquer la
possession de l'ex-acquéreur. De deux choses
l'une, en effet; ou bien il faut dire que la résolution, en effaçant légalement le droit de propriété de l'ex-acquéreur, efface aussi sa possession, en sorte que l'ex-aliénateur se trouve, en
droit, avoir toujours été le seul propriétaire et le
seul possesseur; ou bien on doit dire, et cette
idée nous paraît plus exacte, que l'ex-acquéreur,
en cessant, par la résolution rétroactive, d'avoir
été le propriétaire, ne cesse pas pour cela d'avoir
été le possesseur, en sorte que la possession restera celle de l'acquéreur et non celle de l'aliénateur. Mais comme c'est par une cause parfaitement légale et juridique que cet aliénateur vient
succéder à cet acquéreur dans la possession,
celui-ci est son auteur; ainsi, de quelque manière que l'on considère les choses, l'ex-aliénateur pourra toujours, en reprenant son bien, se
servir, si besoin est, de la précédente possession.

Une autre hypothèse qui a donné lieu à des
décisions fort différentes, reçoit également une

solution logique par l'application de la règle énoncée ci-dessus. Il s'agit de savoir si celui qui, après avoir été dépossédé pendant plus d'une année, rentre en possession, soit par l'effet d'un jugement rendu au pétitoire, soit à la suite du délaissement volontaire de son adversaire, peut se servir de la possession de celui-ci comme étant celle de son auteur.

D'après M. Troplong, la question doit être résolue par une distinction : Si le possesseur évincé était de mauvaise foi et rendît les fruits pour cette cause, sa possession est légalement effacée, l'interruption est réputée non avenue, et l'adversaire, en reprenant la chose, peut invoquer, et la possession de cet usurpateur, qui est alors son auteur, et aussi celle que lui-même avait eue avant l'interruption ; en un mot, il est censé n'avoir pas cessé de posséder. Si au contraire le possesseur évincé ne rend pas les fruits, à raison de sa bonne foi, celui qui est remis en possession n'a plus en lui un auteur, et ne peut pas invoquer sa possession.

Cette doctrine nous paraît inexacte sous plusieurs rapports. Et d'abord, dire que dans le cas

de mauvaise foi la possession de l'usurpateur
est légalement non avenue, et que néanmoins
le possesseur réintégré peut l'invoquer comme
étant celle de son auteur, c'est tomber dans une
contradiction; car si en droit l'usurpateur se
trouve n'avoir pas eu de possession, il n'a donc
pas de possession à transmetre! D'un autre côté,
on ne peut prétendre que l'interruption est alors
légalement non avenue, car aux termes de l'article 2243, toutes les fois que la dépossession a
duré plus d'une année, l'interruption est définitivement accomplie, et ne dépend d'aucun
événement ultérieur. Il n'y a pas non plus à dis-
tinguer si le possesseur évincé était ou non de
bonne foi, car la question de bonne ou de mauvaise foi d'un possesseur est indifférente pour
le point de savoir si sa possession peut être
jointe à celle de son successeur.

Merlin, et un arrêt de la Cour de cassation du
12 janvier 1832 refusent au contraire au possesseur qui se fait réintégrer après dépossession
de plus d'une année le droit d'invoquer, non
pas seulement son ancienne possession, mais
même celle du détenteur qu'il évince. C'est aller

trop loin. Sans doute je ne pourrai pas, en ne me faisant réintégrer qu'après une année, invoquer ma possession ancienne et prétendre que je n'ai pas cessé d'être possesseur, puisque j'ai laissé s'accomplir, par mon silence d'une année, une interruption irréparable; mais pourquoi donc ne pourrais-je pas joindre à ma possession nouvelle celle du possesseur auquel je succède? Je suis son successeur légitime, il est donc mon auteur, et dès lors je puis joindre sa possession à la mienne. Si j'avais obtenu contre cet homme un jugement déclarant que malgré ses dénégations il est mon vendeur, et le condamnant comme tel à me livrer la chose litigieuse, on ne songerait pas à me refuser le droit d'invoquer sa possession; et voilà qu'on m'en priverait alors que le jugement me reconnaît, au lieu de la qualité d'acheteur, celle de propriétaire indûment dépouillé par lui, titre encore plus favorable et plus énergique ! C'est donc entre les deux doctrines extrêmes de Merlin et de M. Troplong que se trouve la véritable solution. Le possesseur réintégré après dépossession de plus d'une année sera privé du bénéfice de son ancienne possession, parcequ'elle a été interrompue; mais il pourra, puisqu'il succède légitimement au précédent possesseur, se servir, comme tout autre successeur légitime, de la possession de celui-ci. Cette décision était d'ailleurs admise par tous nos anciens auteurs, et rien n'indique que les rédacteurs du Code civil aient eu l'intention de la repousser. (Cujas, *ad b.* 13 § 8 D. *de adq. poss.;* Bartole, *ibid.;* Brunemann, *ibid.*; d'Argentré, *Comm. sur la coutume de Bretagne,* art 271; Pothier, *Pandectes*; Dunod, *Des prescriptions,* p. 20.)

PROPOSITIONS

DROIT ROMAIN.

I. On peut concilier les lois 43 pr. D. *de jure dotium*, et 10 D. *de condictione causa data*.

II. La tradition d'une chose *mancipi* peut quelquefois suffire pour en transférer le *dominium ex jure Quiritium*.

III. Les biens des pupilles étaient susceptibles d'usucapion, excepté, depuis un décret de Septime Sévère, les immeubles rustiques et suburbains.

IV. On ne peut pas intenter l'action publicienne quant à une chose que l'on n'a pas possédée.

V. Le possesseur *pro emptore* n'a droit à l'action publicienne qu'autant qu'il a payé le prix ou satisfait le vendeur, à moins que le vendeur n'ait suivi sa foi.

VI. La bonne foi et la juste cause sont deux conditions distinctes de l'action publicienne.

VII. Pour réussir dans la Publicienne, il n'est pas nécessaire en général d'être de bonne foi au moment où on l'intente.

VIII. La Publicienne compète aussi bien à celui qui a la chose *in bonis* qu'au possesseur de bonne foi de la chose d'autrui.

IX. Le propriétaire lui-même peut exercer l'action publicienne.

X. Les lois 9, § 4. *de Publiciana in rem actione*, et 31, § 2 D. *de actionibus empti*, sont inconciliables.

DROIT FRANÇAIS.

DROIT CIVIL.

I. Les donations déguisées sous la forme d'un contrat à titre onéreux sont nulles.

II. Le délai fixé par l'art. 1304 du Code civil

pour l'exercice d e l'action en annulation des conventions est une véritable prescription.

III. L'époux contre lequel est prononcée la séparation de corps perd de plein droit les avantages que son conjoint lui avait faits, soit par contrat de mariage, soit depuis le mariage contracté.

IV. Il existe un *droit* de possession.

V. La violence exercée ou subie par le possesseur n'affecte sa possession que d'un vice relatif.

VI. Les servitudes discontinues ne deviennent pas susceptibles d'une possession utile pour la prescription par cela seul que celui qui prétend les exercer a formé contradiction au droit du propriétaire voisin.

VII. Les servitudes discontinues ne sont pas susceptibles d'être acquises par prescription lorsque le propriétaire du fonds prétendu dominant a un titre émané *a non domino.*

VIII. Le vice de précarité est un vice absolu.

IX. Pour que le détenteur précaire intervertisse le titre de sa possession par une cause venant

d'un tiers, aux termes de l'art. 2238 du Code civil,
il n'est pas nécessaire que ce détenteur signifie
au propriétaire son nouveau titre.

X. La mauvaise foi du détenteur précaire qui
reçoit un titre *à non domino* n'empêche pas qu'il
intervertisse efficacement son titre.

XI. Le successeur à titre particulier qui est de
mauvaise foi ne peut point tirer de la bonne foi
de son auteur le même avantage qu'en tirerait
un successeur à titre universel.

XII. Celui qui, après avoir été dépossédé pendant plus d'une année, rentre en possession par
l'effet d'un jugement rendu au pétitoire, ne peut
invoquer sa propre possession antérieure à la
dépossession qu'il a éprouvée, mais il peut invoquer la possession de son adversaire évincé.

DROIT PÉNAL.

I. La tentative d'un délit absolument impossible n'est pas punissable.

II. Lorsqu'un fait qualifié crime par la loi n'a
été puni que d'une peine de police correction-

nelle, il ne compte pour la récidive que comme délit.

III. L'action civile résultant d'un crime se prescrit par dix ans, comme l'action publique, lors même qu'elle est intentée devant un tribunal civil.

HISTOIRE DU DROIT.

I. Sous la monarchie franque, il n'était pas permis à chacun d'abdiquer sa nationalité et sa loi d'origine, pour changer de nationalité et de loi.

II. Le régime de communauté entre époux a une origine germanique.

DROITS DES GENS.

I. Les révolutions intérieures qui s'accomplissent chez une nation ne détruisent pas la force obligatoire des traités antérieurement conclus par elle, à moins que les engagements résultant de ces traités n'aient un rapport intime avec le régime qui n'existe plus.

11. La guerre rompt définitivement entre les nations belligérantes les traités de paix, d'alliance, et ceux relatifs à la souveraineté; elle suspend l'exécution des traités d'amitié, tels que ceux de commerce, d'extradition; elle laisse en vigueur les traités conclus en vue de régir à l'avenir les rapports des nations pendant l'état de guerre.

Vu par le président de la thèse,

ORTOLAN.

Vu par le doyen de la Faculté,

G. A. PELLAT.

Permis d'imprimer.

Le Vice-Recteur,

ARTAUD.

11. La guerre rompt définitivement entre les
nations belligérantes les traités de paix, d'alliance, et ceux relatifs à la souveraineté; elle
suspend l'exécution des traités d'amitié, tels que
ceux de commerce et extradition; elle laisse en
vigueur les traités conclus en vue de régir à
l'avenir les rapports des nations pendant l'état
de guerre.

Vu par le Doyen de la thèse,
ORTOLAN.

Vu et permis d'imprimer,
L'Inspecteur de l'Académie,
A. ROYER.